Espiritando no século XXI
A interpretação da Doutrina dos Espíritos sob a ótica
de uma Teóloga Espírita

Editora Appris Ltda.
1.ª Edição - Copyright© 2025 da autora
Direitos de Edição Reservados à Editora Appris Ltda.

Nenhuma parte desta obra poderá ser utilizada indevidamente, sem estar de acordo com a Lei nº 9.610/98. Se incorreções forem encontradas, serão de exclusiva responsabilidade de seus organizadores. Foi realizado o Depósito Legal na Fundação Biblioteca Nacional, de acordo com as Leis nᵒˢ 10.994, de 14/12/2004, e 12.192, de 14/01/2010.

Catalogação na Fonte
Elaborado por: Josefina A. S. Guedes
Bibliotecária CRB 9/870

S377e
2025
	Schramme, Dora
	    Espiritando no século XXI: a interpretação da doutrina dos espíritos sob a ótica de uma teóloga espírita / Dora Schramme. – 1. ed. – Curitiba: Appris, 2025.
	    127 p. ; 21 cm.
	
	    ISBN 978-65-250-7705-5
	
	    1. Reencarnação. 2. Mediunidade. 3. Espiritismo. 4. Caridade. 5. Amor. 6. Pensamento crítico. 7. Espírito. 8. Espiritualismo. I. Título.
	
	                                    CDD – 133.9013

Appris editorial

Editora e Livraria Appris Ltda.
Av. Manoel Ribas, 2265 – Mercês
Curitiba/PR – CEP: 80810-002
Tel. (41) 3156 - 4731
www.editoraappris.com.br

Printed in Brazil
Impresso no Brasil

Dora Schramme

Espiritando no século XXI
A interpretação da Doutrina dos Espíritos sob a ótica de uma Teóloga Espírita

Curitiba, PR
2025

FICHA TÉCNICA

EDITORIAL	Augusto V. de A. Coelho
	Sara C. de Andrade Coelho
COMITÊ EDITORIAL	Ana El Achkar (Universo/RJ)
	Andréa Barbosa Gouveia (UFPR)
	Jacques de Lima Ferreira (UNOESC)
	Marília Andrade Torales Campos (UFPR)
	Patrícia L. Torres (PUCPR)
	Roberta Ecleide Kelly (NEPE)
	Toni Reis (UP)
CONSULTORES	Luiz Carlos Oliveira
	Maria Tereza R. Pahl
	Marli C. de Andrade
SUPERVISORA EDITORIAL	Renata C. Lopes
PRODUÇÃO EDITORIAL	Sabrina Costa
REVISÃO	Cristiana Leal
DIAGRAMAÇÃO	Amélia Lopes
CAPA	Sabrina Costa
REVISÃO DE PROVA	William Rodrigues

AGRADECIMENTOS

Ao Grande Gestor do Universo por estar em mim e me impulsionar a buscar o conhecimento que edifica. A Jesus Cristo, meu mentor e amigo, meu guia e presença constante de todos os momentos. Ao Dr. Leocadio José Correia pelo incentivo aos estudos e por ser a assistência amorosa na adversidade. Aos mestres do curso de Teologia Espírita da Falec, que me ensinaram a pensar e construir minhas próprias verdades.

Dedico este livro ao meu esposo Roberto, companheiro de vida, para a vida e por toda vida, por ser meu melhor amigo, meu maior incentivador e por acreditar em minha capacidade antes mesmo que eu me desse conta dela, grata pelas longas conversas na cozinha de onde surgiram a maioria das ideias que compõem este livro. Aos meus filhos Jessica, Francis e Luana Schramme. Aos meus netos Roberto Neto (Beto) e Beatriz Maria (Bia) como um legado de amor.

APRESENTAÇÃO

Este livro propõe apresentar uma nova leitura da Doutrina dos Espíritos, buscando entender seu conteúdo à luz das necessidades e dos desafios do século XXI.

A proposta é ampliar a visão sobre os princípios postulados por Allan Kardec, sem desvirtuar os conceitos originais, e explorar como podem ser aplicados à vida moderna, facilitando uma reflexão crítica e possibilitando um novo olhar para o Movimento Espírita que ora se apresenta.

Abordando temas específicos da Doutrina Espírita, como reencarnação, mediunidade, evolução espiritual, amor e caridade, a obra apresenta um breve resumo teórico seguido de uma análise e interpretação contemporâneas.

Neste livro, as surpresas virão na forma de novas interpretações e aplicações da Doutrina dos Espíritos, que divergem das práticas tradicionais seguidas em muitas casas espíritas, mediante ideias não convencionais que podem levar a reflexão e questionamentos. A autora combina suas experiências pessoais e de aprendizado, ao longo dos anos em que trabalhou em diversas casas espíritas, com uma conclusão racional, que reforça a necessidade de evolução do pensamento espírita na modernidade.

A autora é a protagonista nessa jornada de autodescoberta e análise da Doutrina dos Espíritos e suas implicações para e Espiritismo moderno, alertando para o antagonismo das interpretações conservadoras que restringem o crescimento e a adaptação das ideias espíritas ao mundo moderno.

Sua trajetória, marcada por um curso de graduação em Teologia Espírita — em que, por cinco anos, dedicou-se, em tempo integral, aos estudos profundos da Doutrina dos Espíritos —, suas práticas, seus questionamentos e suas reflexões serão retratados ao longo do texto, proporcionando uma conexão íntima com o leitor.

O livro explora a relação da autora com outros estudiosos e espíritas, além de incorporar feedbacks e discussões de grupos de estudos, criando uma dinâmica de troca de saberes que enriquece a narrativa.

A autora enfrenta conflitos internos ao confrontar suas crenças prévias com novas compreensões e expectativas externas de outros espíritas que podem não aceitar sua perspectiva inovadora.

O ambiente do livro está centrado na sociedade contemporânea, com referências a diferentes casas espíritas, círculos de estudos e contexto cultural e espiritual do Brasil e do mundo. O livro descreve como um ambiente carinhosamente acolhedor pode influenciar a prática e estudo da Doutrina dos Espíritos, usando recursos sensoriais para fazer o leitor sentir a própria espiritualidade e a conexão com o Polissistema Espiritual.

O contexto histórico da Doutrina Espírita e como ela evoluiu desde sua criação até os dias atuais, incluindo momentos significativos de mudanças sociais, serão apresentados para que o leitor compreenda as raízes e o desenvolvimento do pensamento espiritista.

As principais questões exploradas incluem reencarnação, justiça e evolução do Espírito, diferenças entre o Polissistema Espiritual, visão tradicional do mundo espiritual e a importância do amor e da caridade no contexto atual.

A obra ensina que o entendimento e a prática da Doutrina Espírita devem ser adaptáveis e que a evolução moral e espiritual é uma responsabilidade contínua e coletiva. Elementos como energia, livre-arbítrio e conexão com o espiritual são símbolos que reforçam os conceitos discutidos ao longo do texto.

O tom é acolhedor, reflexivo e provocativo; a voz narrativa em primeira pessoa permite uma conexão pessoal com a autora e suas experiências. Com linguagem acessível, mas com profundidade teórica, combina termos técnicos da Doutrina Espírita (bem explicados) com uma comunicação coloquial, criando um diálogo com o leitor, num ritmo equilibrado, que alterna trechos mais densos de reflexão com momentos leves, por meio de ilustrações que levam o leitor a repensar seus conceitos. O desenvolvimento de cada tema dá-se de maneira lógica e envolvente, com discussões que desafiam concepções tradicionais e englobam momentos que instigam uma reflexão crítica sobre a abordagem tradicional.

Caro leitor, arrisque-se nesta aventura de espiritar-se nessa nova versão do Espiritismo do século XXI. Embarque nesta viagem de infinitas possibilidades de aprender a pensar.

Aguardo você em instantes.

PREFÁCIO

Passado o impacto inicial que o convite para prefaciar este livro me causou, me aventuro agora a navegar pelas águas alvissareiras, dos mares contidos nestas páginas... antes de mais nada, meus agradecimentos à querida Dora, pela deferência!

Espiritando no século XXI é uma obra, ao mesmo tempo, simples e complexa. Simples porque não pretende doutrinar, dogmatizar ou estabelecer prosélitos de verdades irrefutáveis. É tão somente um convite para pensar o edifício axiológico, que sustenta nossas crenças e o efeito dessas crenças no nosso modo de estar no mundo.

Mas também é uma obra complexa. Pois que tudo que nos constitui, enquanto humanos é do campo da incerteza. E precisamos conviver (relativamente) em paz, com essa condição. Um pouco do que nos lembra Chico Buarque, ao dizer do que: "não tem certeza, nem tamanho, nem censura, nem sentido...".

Há pelo menos 70 mil anos, ou desde que a linguagem se apresenta na seara evolutiva, o ser humano se vê às voltas com as grandes questões existenciais. De maneira mais ou menos complexa, a depender da fase histórica, da antropogenia, da cultura, entre outros, estamos tentando explicar para nós mesmos quem somos, por que estamos aqui, o que viemos fazer e para onde vamos. Essas questões têm em nós natureza ontológica, tanto que, quando nosso sistema de crenças sofre abalos estruturais, adoecemos.

É justamente no sentido de nos proteger de nossa própria fragilidade, diante do desconhecido, que este livro se constitui numa ferramenta de esperança.

Nos mais diversos segmentos da ciência formal, é senso comum a constituição fragmentária da alma humana. Somos feitos de pequeninas pecinhas que conseguimos arranjar de modo singular, em nossa organização psíquica. Somos feitos de significantes familiares, culturais, políticos, sociais, religiosos e, quiçá, de um irrefutável arcabouço de experiências anteriores a vida presente. Assim, é lícito pensar que, quanto maior o acervo de peças para composição desse mosaico, ao alcance de nossa inteligência, tão mais rico ele será. Essa é a grande contribuição deste livro. Dora, com sua obra, provoca o tempo todo: será? Faz sentido? Isso se sustenta no pensamento filosófico contemporâneo?

Espiritando no século XXI organiza-se em torno dos conceitos mais caros, tanto do espiritismo quanto da espiritualidade. Ainda assim, as certezas são muito poucas. De modo que, se quisermos avançar no "tem que ter algo mais", precisamos pensar, refletir, avaliar, ponderar, estudar muito. Ou seja: é preciso espiritar!

Mais que tudo: é preciso se implicar com a própria evolução. É preciso supor que o processo evolutivo é efeito de uma disciplina forte, de uma curiosidade inteligente e do treino de faculdades que só o ser humano é capaz. Pelo menos por enquanto, pois muito provavelmente há, alhures, seres muito mais inteligentes que os habitantes de nosso planeta.

Concluo este prefácio dizendo que o que mais me capturou na experiência desta leitura foi a ideia de perspectiva. *Espiritando no século XXI* é uma perspectiva, um construto de ideias possíveis, em que o convite é "movimento", portanto vida.

Desejo ao leitor uma experiência rica, plena de significado e movimento!

Clarice A. Vargas

Psicóloga, graduada pela Universidade Tuiuti do Paraná, dedicada à prática clínica, com orientação teórica em psicanálise.

SUMÁRIO

CAPÍTULO 1
INTRODUÇÃO AO POLISSISTEMA ESPIRITUAL 21

CAPÍTULO 2
DIMENSÕES E NÍVEIS DO POLISSISTEMA ESPIRITUAL 29

CAPÍTULO 3
REENCARNAÇÃO – O CICLO DA VIDA E SUAS IMPLICAÇÕES 39

CAPÍTULO 4
MEDIUNIDADE – COMUNICAÇÃO COM O "ALÉM"? 47

CAPÍTULO 5
AMOR E CARIDADE – FUNDAMENTOS DO SER SENDO 55

CAPÍTULO 6
EVOLUÇÃO ESPIRITUAL – DESAFIOS DO SÉCULO XXI 63

CAPÍTULO 7
CRÍTICAS E CONTROVÉRSIAS –
QUESTIONANDO O CONHECIMENTO ESPÍRITA 71

CAPÍTULO 8
NOVAS PERSPECTIVAS – A ATUALIDADE DA DOUTRINA 81

CAPÍTULO 9
ESTUDOS E PRÁTICAS ESPÍRITAS –
JUNTANDO TEORIA E VIDA.. 89

CAPÍTULO 10
MINHA HISTÓRIA – REFLEXÕES PESSOAIS E APRENDIZADOS..... 99

CAPÍTULO 11
O FUTURO DO MOVIMENTO ESPÍRITA –
EVOLUÇÃO NECESSÁRIA 111

CAPÍTULO 12
INTEGRANDO CONCEITOS E REDEFININDO CAMINHOS 119

Olá, querido(a) leitor(a)!

É com enorme alegria que lhe dou as boas-vindas ao universo fascinante de *Espiritando no Século XXI*. Este não é apenas um livro; é um convite para uma jornada transformadora de autodescoberta e compreensão mais profunda da vida e do que vem depois dela. Ao mergulharmos juntos nas páginas desta obra, buscaremos iluminar os mistérios do mundo espiritual, explorando as múltiplas dimensões da existência e o intrincado Polissistema Espiritual que nos conecta a algo maior. A intenção aqui vai além de informar; queremos tocar suas emoções e provocar reflexões vitais sobre sua própria jornada espiritual.

Cada capítulo foi cuidadosamente estruturado para desvendar conceitos fundamentais da Doutrina Espírita de uma maneira acessível e contemporânea. Começaremos nossa caminhada desmistificando a ideia tradicional de mundo espiritual. Seremos guiados por reflexões que, possivelmente, provocarão um novo olhar sobre a vida após a morte e a evolução do Espírito. Pretendo abrir as portas para uma compreensão que vai além do que muitos enxergam, permitindo uma visão mais rica e complexa, na qual cada camada revela um pouco mais sobre nossa realidade.

À medida que avançarmos, falaremos sobre reencarnação, um dos pilares da Doutrina Espírita. Lançaremos luz sobre como essa transformação contínua nos ajuda a compreender as alegrias e os desafios da vida atual. Reflexões sobre as lições que cada existência pode proporcionar nos farão avaliar não apenas nosso passado, mas também a luz que podemos levar adiante em nossas futuras jornadas.

Entraremos na fascinante esfera da mediunidade, uma comunicação viva entre os mundos. Serei sua guia na exploração das diferentes formas de mediunidade, apresentando histórias e experiências que efetivamente redefiniram minha compreensão da comunicação com o além. Juntos, desmistificaremos essa prática, mostrando-a não apenas como uma habilidade rara, mas como uma oportunidade para todos nós de enriquecer nossa conexão espiritual.

Como não falar sobre amor e caridade, os verdadeiros fundamentos do ser? Esse é um tema que será cantado em prosa e verso, questionaremos o que realmente significa amar e dar ao próximo em nosso longo caminhar. À medida que discutirmos os princípios de amor e caridade à luz da Doutrina, buscaremos um novo significado para essas virtudes nas relações contemporâneas, explorando como podem nos guiar em tempos tão desafiadores.

Os desafios do século XXI não ficarão de fora. Dissertaremos sobre a ansiedade, o estresse, as armadilhas do consumismo e como esses fatores afetam nossa evolução espiritual. Espírito e corpo estão intrinsecamente conectados, assim exploraremos estratégias e práticas que podemos incorporar às nossas rotinas diárias. A ideia é que, juntos, possamos não apenas sobreviver, mas sim florescer nessa jornada evolutiva.

É hora de olhar por trás das cortinas. Em um capítulo corajoso, questionaremos as tradições e os dogmas que, por vezes, limitam a expansão do pensamento dentro do Movimento Espírita. Esse exercício crítico é saudável e necessário, pois devemos estar abertos a novas ideias e perspectivas. É assim que a Doutrina dos Espíritos se fortalece, enriquecendo o diálogo e promovendo uma compreensão mais inclusiva.

Ampliaremos nossa visão para além das fronteiras do conhecimento estabelecido. Discutiremos a relação da Doutrina Espírita com as ciências modernas e outras áreas do saber, como a psicologia e a neurociência. Será uma experiência enriquecedora, na qual nos depararemos com dados e descobertas atuais que poderão dar nova vida às práticas Espíritas, tornando-as ainda mais relevantes em um mundo que muda rapidamente.

Após essa rica navegação teórica, voltaremos o olhar para a integração desses aprendizados na vivência cotidiana. Falaremos sobre a prática do estudo e da reflexão, enfatizando a importância de trazermos a teoria espírita para nossa realidade, criando um ciclo de aprendizado contínuo. Nesse espaço, compartilharei experiências e vivências que promovem o espírito comunitário e a efetiva aplicação da Doutrina em nossas vidas.

Para encerrar nossa jornada, será o momento de compartilhar minha própria história. Entre desafios e aprendizados, valorizaremos o que cada um de nós trouxe e ainda podemos trazer para a mesa, ressaltando a importância da empatia e da compreensão em nosso cotidiano. O objetivo é se conectar, verdadeiramente tocar seu coração e inspirá-lo a trilhar sua própria jornada.

Olharemos para o futuro do Movimento Espírita. Juntos, discutiremos como podemos manter viva a relevância da Doutrina em um mundo cada vez mais dominado pela tecnologia e por novas formas de comunicação. Reflexões sobre o que podemos fazer para a evolução desse movimento, preservando suas raízes, mas adaptando-se a uma nova mentalidade que é capaz de olhar para o novo.

Minha mensagem de boas-vindas é um convite aberto para que você, leitor, se deixe guiar por essas palavras, permitindo que ressoem dentro de seu ser. A reflexão a seguir me foi inspirada numa noite, e eu a escrevi a 1h58 da manhã do dia primeiro de outubro de 2024, dormindo e no escuro para não esquecer ao acordar.

Sede Sábios!

"Busca no silêncio a compreensão de seus questionamentos, busca na dúvida a construção de seu conhecimento, busca no conhecimento o entendimento de si mesmo, busca em si mesmo a interação com Deus!"

Espero que a leitura seja iluminadora e o conduza a uma imersão transformadora nesse universo tão rico e gratificante!

Desfrute de sua jornada!

Com carinho,

Dora Schramme

Capítulo 1

Introdução ao Polissistema Espiritual

Reconceituando mundo espiritual

Nos cinco anos de estudos para uma graduação em Teologia Espírita, e nos anos subsequentes, minha jornada de estudos na Doutrina dos Espíritos tem sido um processo profundo e transformador. Ao contrário de um simples passatempo, esse conhecimento se entrelaçou em cada aspecto da minha vida, moldando minhas crenças e me guiando nos momentos mais desafiadores. Hoje, ao compartilhar esses ensinamentos, sinto a urgência de destacar não apenas as verdades contidas nas palavras de Allan Kardec, mas também a importância de trazer à tona tudo o que aprendi. Reflexões que enriquecerão, com certeza, a experiência de cada leitor.

Quando me refiro ao "Polissistema Espiritual", estou propondo uma visão expandida do que tradicionalmente se entende como "mundo espiritual". A escolha desse termo — Polissistema — não foi aleatória, ela representa a multiplicidade e a complexidade que compõem a verdadeira essência do que chamamos de espiritualidade. Em vez de encará-lo como um espaço isolado, proponho que o espiritual se interligue de maneira dinâmica com o físico, revelando uma interdependência que, muitas vezes, escapa ao nosso entendimento.

O objetivo deste capítulo não é somente apresentar essas ideias, mas sim convidar você a examinar sua visão atual sobre a espiritualidade. Ao desafiá-lo a abraçar uma abordagem contemporânea e rica em significados, pretendo expandir a visão tradicional que muitos ainda possuem. A espiritualidade é um campo vibrante e cheio de vida que merece ser explorado sem as amarras da interpretação limitada. A proposta aqui é olharmos para a Doutrina Espírita com um novo filtro, permitindo que cada um de nós se aprofunde e encontre um sentido maior na conexão que temos com o todo.

À medida que avançamos, espero que você sinta a mesma empolgação que eu experimentei ao explorar a complexidade do Polissistema Espiritual, percebendo como essa estrutura não apenas se relaciona com as nossas experiências de vida, mas também ilumina o caminho para o entendimento da morte e da evolução do Espírito. Convido você a embarcar nessa jornada de redescoberta, em que as reflexões sobre a vida após a morte se tornam não apenas teorias, mas também vivências práticas que ampliam e enriquecem nosso cotidiano.

As diferentes interpretações da Doutrina dos Espíritos nos mostram que, mesmo dentro de um mesmo campo de estudo, há uma diversidade imensa de visões. Essa pluralidade não é necessariamente um ponto negativo, pelo contrário, é o que traz vida e dinamismo a uma proposta que, por sua essência, busca compreender o humano na sua totalidade. Em cada novo conceito dessa doutrina, encontramos nuances que refletem as experiências individuais dos adeptos, variando desde leituras que respeitam as tradições estabelecidas até aquelas que ousam ultrapassar os limites do convencional.

Ao nos debruçarmos sobre essas divergências, devemos reconhecer que a interpretação não é uma tarefa simples. Na verdade, ela é profundamente afetada por nossa bagagem cultural, educação e pelas vivências que construímos ao longo da vida. Assim, o que para um pode ser uma verdade inabalável, para outro pode ressoar como uma problemática a ser contestada. Esse é o âmago do nosso diálogo interior, o embate das convicções, em que o crescimento é impulsionado pelo questionamento e pela busca de novas verdades.

A insatisfação com algumas abordagens mais populares dentro da Doutrina frequentemente surge como uma resposta a uma sensação de superficialidade. Quando observamos as doutrinas que se disseminam sem reflexão crítica ou que se adaptam mais para um aconchego ao status quo, o desejo de explorar algo mais profundo ganha força. Essa inquietação nos catalisa a estudar, a perguntar e até a confrontar as verdades impostas. A reflexão é um convite constante, e cada um deve se sentir instigado a colocar suas próprias questões na mesa.

Proponho, portanto, que você se permita questionar as interpretações que já possui. O crescimento espiritual e intelectual provém dessa liberdade. Ao encarar a Doutrina dos Espíritos como um campo fértil para diferentes leituras, será capaz de nos conectar com o que há de mais essencial, a busca pela própria verdade. Uma verdade que não precisa ser absoluta, mas deve ressoar com a autenticidade de cada coração.

É fundamental assimilar que o conhecimento não possui um fim. Cada leitura, cada reflexão, pode abrir portas para novas interpretações e compreensões, muitas vezes inimagináveis. Ao focarmos as críticas construtivas e as divergências saudáveis, construímos um elo mais forte com nosso aprendizado. É por meio dessas discussões que somos moldados; ao se opor, muitas vezes se revela o que importa de fato.

Que as experiências de cada um aqui apresentadas possam inspirar um mergulho profundo, levando você a se unir a nós nessa jornada de redescoberta. A proposta é clara: convido-o não apenas a aceitar as premissas que aqui serão discutidas, mas também a viver o processo de introspecção que cada uma delas pode proporcionar. Enfrentemos juntos essas questões! Sejam bem-vindos a uma nova forma de compreender a Doutrina dos Espíritos! Que esta jornada seja, acima de tudo, transformadora!

A construção do conhecimento na Doutrina dos Espíritos é uma jornada fascinante, repleta de descobertas e redescobertas. Ao explorarmos esse universo de ensinamentos, é imprescindível que nos apoiemos em uma base teórica sólida. As obras de Allan Kardec, com suas perguntas incisivas e respostas reveladoras dos Espíritos, serviram como pilares alicerçados na minha formação. A sistematização apresentada pela codificação, não apenas orientou meus anos de estudo, como também inspirou uma reflexão ativa sobre a vida e a condição humana.

Cada leitura aqui é como uma chave que abre portas para novas percepções. Lembro-me da primeira vez que me deparei com a Lei de Causa e Efeito. A ideia de que nossas ações reverberam no futuro e que cada decisão pode nos impactar e, ao mesmo tempo, nos transformar, trouxe toda uma nova dimensão à minha vida. Essa realidade me fez rever cada escolha, buscando entender o propósito e as lições que cada situação, por mais desafiadora que fosse, poderia me ensinar.

Os grupos de estudo de que participei e os quais coordenei foram cruciais para esse processo. Cada encontro se tornava um espaço sagrado, em que as experiências eram compartilhadas, e as dúvidas, discutidas com paixão e respeito. Era fascinante ver como pessoas de diferentes origens e histórias de vida se reuniam em torno de um tema tão profundo. A troca de ideias, as histórias vividas e as interpretações diversas criavam um verdadeiro mosaico de aprendizagens. A partir dessas interações, percebi que a crença não se impõe, mas se conquista, e isso só é possível quando abrimos nossos corações ao diálogo e ao saber coletivo.

Contudo, o que mais surpreendeu minha percepção foi o impacto que esses ensinamentos tiveram na minha visão do mundo material. Ao longo desse processo, poderia sentir como cada nova descoberta desmantelava preconceitos e moldava uma mentalidade mais expandida. Por exemplo, o entendimento da reencarnação não apareceu como uma simples teoria espiritual, mas como uma ferramenta de transformação. Diante das adversidades e relações difíceis, a ideia de que todos nós estamos em constante evolução ajudou a trazer compaixão para ações que, antes, geravam apenas frustração e rancor.

Assim, cada fragmento de conhecimento adquirido se converteu não apenas em um aprendizado teórico, mas também em uma vivência prática que ressoou em minhas interações diárias.

Ao estudar mediunidade, por exemplo, não vi essa capacidade como algo exclusivo a poucos, mas como uma habilidade que todos podemos aprimorar e entender. Essa perspectiva transformadora fez com que eu olhasse para as comunicações informais com os outros como oportunidades de conectar almas e compartilhar mensagens de amor e respeito.

Por fim, é fundamental compreender que a jornada do conhecimento é contínua e, muitas vezes, desafiadora. A humildade diante da condição humana é o que nos permite evoluir. Cada nova informação recebida, cada reflexão realizada deve ser considerada uma peça que se encaixa no grande quebra-cabeça de nossa própria história e da história coletiva da humanidade. Certamente, é na busca incessante pelo saber e na disposição de reavaliar nossas crenças que seguimos em frente, sempre crescendo e nos conectando com a vastidão do Polissistema Espiritual. Essa conexão é o que nos abre caminhos para um mundo de possibilidades em que juntos podemos trilhar o envolvente e inesgotável caminho da evolução espiritual.

A jornada que estamos trilhando adentra um território onde as definições e os conceitos tornam-se ferramentas fundamentais para a construção da verdadeira compreensão espiritual. Ao longo desta obra, você vai se deparar com a necessidade de um glossário que agregue valor ao seu aprendizado, alinhando as ideias centrais às suas aplicações práticas. Esta introdução a conceitos-chave permitirá que você avance em sua experiência pelo Polissistema Espiritual com mais clareza e profundidade.

Dentre os termos que merecem atenção, Polissistema Espiritual destaca-se por sua multifacetada essência. Essa expressão não se limita a um mundo das almas, envolve interações dinâmicas entre diferentes realidades espirituais e materiais. A riqueza dessa terminologia nasce do entendimento de que, nesse contexto, a espiritualidade é um campo vasto, habitado por nuances e práticas diversificadas.

Então, você me pergunta qual a importância dessa nomenclatura? A adoção do termo "Polissistema" sugere que essas interações são essenciais para nossa evolução e compreensão, desmistificando a ilusão de que o mundo dos Espíritos é um espaço isolado e imutável. Ao usar esse termo, convido você a enxergar o mundo espiritual como um sistema em movimento, em que se entrelaçam diversas experiências, com possibilidades de diálogo entre o físico e o espiritual.

Outro termo frequentemente utilizado num contexto diverso de sua significação é a palavra "espiritualidade", usada de maneira equivocada no meio espírita para denominar o coletivo de Espíritos, quando, na realidade, seu sentido é muito mais amplo. Espiritualidade é inerente ao ser humano como ser físico e espiritual, significa o conjunto de crenças que dá sentido e significado aos eventos da vida. É a propensão humana para o interesse pelos outros e por si mesmo. Ela atende à necessidade de encontrar razão, sentido e objetivo para a vida, bem como à necessidade de esperança e vontade de viver. É o fundamento da fé e das crenças, sejam elas quais forem!

A espiritualidade proporciona crescimento nos vários campos dos relacionamentos, no campo das relações do ser consigo mesmo, gera esperança, altruísmo e idealismo, além de dar proposito para a vida e o sofrimento; no campo das relações com o outro, gera tolerância, unidade e senso de pertencimento; nas relações com Deus e com o universo das coisas, desperta o amor, adoração e a crença de não estar só. A espiritualidade é universal, ocupa todo nosso ser, toda nossa essência, é uma presença intima constante; faz parte de nossa vida. Jesus expressava sua espiritualidade por todo seu ser. Pelo ouvir, orar, compartilhar, testemunhar e agir, ele a colocava em prática. Portanto, a espiritualidade vai além do que se aplica, ela é, sobretudo, um grande ato de conexão entre o ser humano e o Divino. Ela constrói o modo como compreendemos o mundo, as pessoas e Deus. É o que nos impulsiona para a evolução espiritual.

A espiritualidade pode ser definida, de acordo com Eder Puchalski, como *"uma dimensão da humanidade, podendo ser expressa por meio de crenças, valores ou práticas, representando a busca do indivíduo por conexão e transcendência, seja através de amigos, família, trabalho, animais, natureza ou qualquer coisa considerada importante para o indivíduo".*

Outro conceito que precisa ser abordado é a "mediunidade". Frequentemente interpretada como uma prática mística, a mediunidade pode ser compreendida aqui como uma habilidade inerente a todos nós, uma capacidade de comunicação que transcende as barreiras da vida física. Essa perspectiva mais inclusiva pode transformar a relação com a mediunidade, diminuindo os medos e preconceitos que muitos ainda mantêm. Em vez de ver os médiuns como exceções, começamos a tratá-los como parte de um processo natural de desenvolvimento humano, essencial para o entendimento da interconexão entre todos os Espíritos, encarnados e desencarnados.

Outro termo importante a ser relembrado é o "amor universal". Esse conceito, base da Doutrina Espírita, representa não apenas um sentimento, mas também um princípio que orienta nossas ações e entendimentos. O amor se torna a força unificadora, que conecta as experiências e a aprendizagem, tornando-se um dos pilares na jornada rumo à evolução espiritual. Ao adotar essa visão ampliada, somos incentivados a praticar a caridade e a empatia em nosso cotidiano, construindo uma vida mais harmoniosa e conectada a totalidade.

Ao terminarmos essa seção, um convite se faz necessário: mantenha sua mente aberta. Ao reexaminar esses termos e seu significado ao longo da leitura, você encontrará um espaço fértil para reflexões e novas compreensões. A dúvida e a inquietude são partes naturais do processo de aprendizado; ao abraçá-las, você se aproxima de um conhecimento mais profundo e transformador.

Em suma, à medida que avançamos, proponho um olhar atento e reflexivo não apenas sobre as definições, mas também sobre como esses conceitos se aplicam a nossas vidas. Cada ensinamento poderá se tornar uma esfera de influência positiva, iluminando o caminho para a evolução de cada Espírito envolvido nessa jornada incrível e enriquecedora. Vamos, juntos, explorar as vertentes desse Polissistema Espiritual, em que cada descoberta é um passo a mais em direção a uma existência plena de significados e possibilidades!

Capítulo 2

Dimensões e Níveis do Polissistema Espiritual

Compreendendo a estrutura do Polissistema Espiritual

Visualizar o Polissistema Espiritual requer uma mente aberta, capaz de transcender as limitações de uma visão unilateral. Imaginemos que estamos diante de uma intrincada teia, na qual cada fio entrelaçado não só conecta dimensões diferentes, como também possibilita uma troca vibrante de energia e conhecimento. Essa estrutura apresenta-se como um organismo vivo — pulsante inspirador e interativo. Cada dimensão representada carrega uma finalidade particular, mas todas estão interligadas na grandiosa sinfonia da existência.

Quando falamos sobre diferentes dimensões espirituais, é fundamental distinguir que elas não existem em um espaço fixo e isolado. Ao contrário, convivem e interagem constantemente conosco, moldando nossas experiências, pensamentos e ações em todos os níveis. É aqui que a harmonia se configura em múltiplas camadas, cada qual refletindo nuances das verdades universais que nos rodeiam, revelando um prisma complexo e belo.

No âmago dessa estrutura, encontram-se as dimensões físicas, que compreendem as interações do cotidiano e as experiências mais tangíveis da vida. À medida que ascendemos para níveis mais sutis, outra camada se manifesta — a dimensão espiritual, em que a conexão com o eu físico, o eu espiritual e Deus torna-se palpável. Essa rede vibracional conecta os Espíritos em evolução, lado a lado, resplandecendo em um vibrar coletivo que ecoa na eternidade.

Ao perceber essa organização como um entrelaçado de fios, somos convidados a refletir sobre como nossas ações no plano material reverberam por essas dimensões. Cada escolha, cada emoção é como uma gota que cai em um lago tranquilo; a onda resultante propaga-se, tocando as margens e influenciando as formas de vida em um alcance que muitas vezes é subestimado.

A interdependência entre as dimensões material e espiritual implica que não somos apenas observadores passivos em nossa jornada, mas cocriadores da realidade. Nossas vibrações atraem afinidades; nossa consciência, quando ampliada, transforma e reconfigura as estruturas envolventes. Por isso, as práticas da empatia e da compaixão, respectivamente manifestadas em nossas ações cotidianas, tornam-se essenciais para harmonizar nosso espaço e suas correlatas repercussões nos Polissistemas, tanto no material quanto no espiritual.

Além disso, desmistificar os métodos de acesso a essas dimensões é parte integrante desse entendimento. A meditação, por exemplo, não busca apenas silenciar a mente, mas também sintonizar nossos sentimentos com as vibrações da dimensão espiritual. É a ponte que transcende a banalidade da vida cotidiana e nos permite acessar fontes de sabedoria que emanam de um domínio superior. A arte de ouvir as mensagens do Espírito — por qual meio seja — propõe que estejamos, constantemente, receptivos às lições que cada experiência tem a nos oferecer.

Neste sentido, o Polissistema Espiritual é mais do que um conceito; é um campo de vivências que inclui desafios, aprendizados e transformações. Algumas dessas vivências podem parecer árduas, mas cada dificuldade é, na verdade, uma oportunidade disfarçada para crescimento e superação. Nossos medos, preocupações e incertezas muitas vezes atuam como barreiras à verdadeira evolução, por isso é essencial estarmos dispostos a desmantelar essas paredes e permitir que a luz fluída do conhecimento nos alcance.

Como viajantes nessa jornada espiritual, somos convidados a examinar o que de fato significa viver à margem entre essas dimensões, especialmente quando olhamos para o espelho da nossa essência. O que vemos refletido? Quais são as características que desejamos cultivar? Cada um de nós é convocado a ser não apenas um participante, mas também um agente ativo da transformação, no mundo material e nas esferas espirituais que nos sustentam.

Dessa forma, o objetivo deste bloco é que você se sinta parte desse imenso Polissistema, que, ao mesmo tempo, repete e renova a história da humanidade, do espírito e do cosmos. Ao nos permitirmos entrar nessa intrincada dança de interações, explorando a profunda vastidão do Polissistema Espiritual, emerge uma nova experiência de vida, uma nova consciência da união de todas as essências que somos — todos conectados em uma única pulsação do amor e da verdade de cada um.

Assim, segure a mão de sua própria essência e avance com mente aberta, coração disposto e espírito sedento de saber. Essa jornada nos aguarda, e juntos, trilharemos o caminho da evolução em direção ao infinito.

A interação entre o material e o espiritual é um tema fascinante, que nos coloca diante de uma teia complexa de realidades entrelaçadas. A vida cotidiana, muitas vezes caracterizada por uma rotina acelerada e superficial, nos faz esquecer que nossas ações e intenções reverberam em dimensões muito além do que podemos ver.

Imagine um simples ato de bondade. Ao ajudar alguém necessitado, a energia gerada por essa ação não fica restrita ao momento em que ocorre; ela se expande entrelaçando-se com o campo espiritual. Esse fio invisível conecta a todos nós, prova e testemunho de como somos, na verdade, peças de um grande mosaico cósmico.

A partir da percepção ativa de nossa realidade material, podemos observar como nossas escolhas influenciam nós mesmos e as dimensões espirituais em que habitamos. Cada pensamento e ato de amor ressoam e voltam para nós, ajudando a construir um círculo virtuoso que enriquece tanto nossas vidas quanto o ambiente espiritual que nos cerca. Essa interconexão é a base de um Polissistema Espiritual vivo, em que o físico e o espiritual dançam em harmonia, constantemente atualizando-se e revitalizando-se pelo impacto mútuo.

Um exemplo claro dessa interação é o uso da meditação como uma ferramenta poderosa de transformação. Pouco a pouco, ao meditar, nos conectamos com nós mesmos e nos sintonizamos com a essência espiritual ao nosso redor. Essa prática nos ensina a silenciar a mente barulhenta, tornando-se um meio pelo qual podemos captar as sutilezas do mundo espiritual, ampliando a capacidade de sentir e perceber nossas interações diárias de forma mais consciente, ficando mais presentes em nossas ações.

As consequências de nossas escolhas se manifestam nas mais diversas áreas da vida. Ao cultivarmos pensamentos positivos, por exemplo, não apenas melhoramos nosso estado de espírito, mas também criamos uma onda de energia que pode afetar o ambiente em que estamos e aqueles com quem nos relacionamos. Nossas interações não são apenas logísticas, mas emocionais e espirituais, e a atenção que dedicamos a isso pode abrir portas para um entendimento mais profundo de quem somos e de nossas escolhas.

É crucial, então, que nos sintamos responsáveis pelo modo como navegamos por essas camadas da realidade. A responsabilidade ética, que está profundamente arraigada na consciência de nossas ações, nos motiva a agir com amor e compaixão. Cada pequeno gesto de bondade, cada expressão de gratidão, nos coloca em sintonia com realidades que nos são mais amplas e complexas. Por meio dessas ações, contribuímos para a evolução do Polissistema Espiritual a que todos pertencemos e somos lembrados de que não estamos sós, mas interligados em um fluxo contínuo de aprendizados e ensinamentos.

À medida que avançamos nessa exploração, convido você a observar sua própria vida sob essa nova luz. Pergunte-se: *como me relaciono com minhas dimensões material e espiritual? Quais escolhas faço diariamente que fortalecem essa conexão? Que ações posso tomar para proporcionar um impacto positivo, não só em minha vida, mas também nas vidas dos que estão ao meu redor?*

A busca pelo entendimento do Polissistema Espiritual é, na verdade, uma convocação para nos tornarmos artífices conscientes de nossa realidade. É um chamado para integrar de forma harmoniosa o material e o espiritual, compreendendo que cada um de nós tem um papel vital a desempenhar nesta vasta rede de ser.

Assim, seguimos juntos, explorando essa dança cósmica entre as esferas da existência, em uma jornada contínua de conhecimento, compaixão e transformação. Vamos mergulhar mais fundo nesse universo fascinante, em busca das verdades ocultas que aguardam para serem reveladas.

A evolução dos Espíritos é um conceito central na Doutrina Espírita e tem implicações profundas na vida de cada um de nós. Para entendermos essa ideia, precisamos mergulhar na complexidade da jornada espiritual que cada ser incorre ao longo de suas diversas existências. Imagine um vasto campo, onde cada planta representa uma alma em desenvolvimento, crescendo a partir de sementes que, dia após dia, se tornam árvores enormes e frutíferas — essa é a visão de um Espírito em evolução.

Os Espíritos não são entidades estáticas; eles possuem um propósito e estão em constante transformação. Cada reencarnação é uma nova chance de aprendizado, em que as experiências vividas oferecem um espaço para crescimento e amadurecimento. À medida que vivemos nossas vidas, nos deparamos com uma infinidade de lições, algumas fáceis, outras desafiadoras, mas todas essenciais para o entendimento mais profundo do amor universal e da verdadeira essência do ser.

Desde a adolescência, costumava me perguntar sobre o propósito da vida e do sofrimento. Essas perguntas frequentemente ecoavam em espaços meditativos, especialmente quando eu me deparava com injustiças aplicadas a mim e a pessoas ao meu redor. A Doutrina Espírita me revelou que cada dificuldade carrega consigo uma semente de aprendizado. Diante de cada nova experiência, fomos guiados a olharmos para dentro e analisarmos o que estávamos realmente vivendo — nunca é apenas sobre o que acontece, mas como reagimos ao que acontece. Eu sempre me pergunto: *o que preciso aprender com isso?*

Um aspecto fascinante dessa evolução é como as fragilidades do espírito, como o medo, a raiva ou a arrogância, se fazem presentes nas diversas encarnações. Essas características, que poderiam ser vistas como fraquezas, são oportunidades para superação. A luta interna que todos enfrentamos ao tentarmos vencer nossos próprios "demônios" é parte de um processo contínuo de autoconhecimento. É um ciclo de queda e ascensão, mediante o qual aprendemos a ser mais solidários, empáticos e amorosos ou não, dependendo de nossa disposição para o crescimento pessoal.

Desenvolver-se enquanto Espírito é também construir relações que nos influenciam e são influenciadas por nossa essência. Quando me recordo dos encontros espirituais que participei, vejo como a troca de experiências se tornava uma ponte que levava as almas a um espaço mais elevado de entendimento. Ali, em cada discussão, em cada olhar e em cada escuta atenta, percebi que as conexões que formamos durante a jornada não são meras coincidências, mas essenciais para nosso processo evolutivo.

Esses encontros revelam, inexoravelmente, que a relação com os outros é um reflexo de nossa própria evolução. Os amigos que escolhemos, as atividades que praticamos e até mesmo os desafios que enfrentamos em conjunto nos ajudam a moldar quem somos. Essa dinâmica social demonstra que estamos todos interligados e que cada um de nós desempenha um papel vital na orquestra da evolução espiritual coletiva. Não existe crescimento sem apoio; não existe aprendizado sem empatia, não existe evolução sem vontade.

À medida que aprofundamos nossa compreensão sobre nossa evolução espiritual, é vital reconhecer a importância do perdão a nós mesmos em primeiro lugar e aos outros. Carregar o peso de rancores e mágoas só serve para nos atrasar na jornada. Perdoar não significa compactuar com o erro do outro, mas libertar-se desse fardo, o que eleva a alma. Lembro-me de um caso muito tocante que ouvi durante visita a um centro espírita, onde uma mulher compartilhou como o ato de perdoar seu pai, que a abandonara na infância, libertou-a de correntes que a aprisionavam. Ao perdoar, ela se reencontrou e redescobriu a alegria de viver. Ela entendeu que o erro do outro é do outro e deve apenas nos servir de exemplo do que não fazer. Isso é libertador!

Se abrirmos nossos corações e mentes à proposta de evolução, habilitando-nos a uns aos outros como verdadeiros potenciais transformadores, daremos um passo a mais em direção à evolução espiritual, que é fundamentada pela aprendizagem de todos nós. A medida de nossa evolução está intimamente ligada ao nosso conhecimento. O entendimento de que estamos em constante movimento, em um estado de infinitas possibilidades, torna-se um chamado para a ação, para vivermos nossas vidas de forma mais plena e autêntica.

Em suma, nossa relação com a Terra e com nossos irmãos de jornada é um mosaico intrigante. Cada manifestação de amor, cada gesto de compaixão e compreensão contribui para a construção de um mundo mais justo e harmonioso. Convido você a refletir sobre sua própria jornada e a considerar: *o que pode fazer para promover sua evolução e a dos que te cercam?* Cada um de nós tem a capacidade de ser um farol de luz, contribuindo para a grande tapeçaria da vida, e, assim, nos voltarmos ao amor universal que nos une.

Desafios e descobertas são partes inevitáveis da jornada espiritual de cada um. Em meio a essa exploração contínua entre as dimensões material e espiritual, frequentemente nos deparamos com resistências internas e externas que podem nos desviar do caminho. Essas resistências podem se manifestar de maneiras sutis, como a dúvida, a insegurança ou até mesmo o medo de mudanças.

Para muitos, a luta para equilibrar o cotidiano com as aspirações espirituais é um verdadeiro desafio. Em um mundo onde a superficialidade e o consumismo estão tão presentes, a busca por um sentido mais profundo na vida pode parecer uma tarefa colossal. Pergunto a você: *já se sentiu como se estivesse correndo em círculos, preso no mesmo lugar, sem vislumbrar um caminho claro?* Isso é algo comum, e a primeira descoberta dessa jornada é a aceitação de que esses sentimentos são válidos e compreensíveis.

Um dia, ao conversar com uma amiga, ela compartilhou suas frustrações em relação à sua própria espiritualidade. *"Sinto que me afasto de minha essência, mas é tão difícil voltar"*, disse com a voz embargada. Essa luta interna reflete uma experiência coletiva. Muitas vezes, temos o desejo ardente de crescer, mas nos vemos atolados em tarefas mundanas que não nos nutrem espiritualmente, e isso gera um desconforto profundo.

É essencial entendermos que os desafios são, na verdade, partes integradoras do nosso crescimento. Compreender essa relação nos permite transformar a maneira como encaramos as dificuldades. Imagine ver cada obstáculo como uma ponte para um novo aprendizado, uma oportunidade de oração ou meditação que revitalize o espírito. Em vez de resistir, podemos aprender a confiar nesses processos.

Um exemplo que me marcou profundamente foi a história de um Espírito que, ao reencarnar, escolheu uma vida repleta de dificuldades. Desde o início, sua única missão era o aprendizado da empatia e do amor incondicional. Ele enfrentou abusos, rejeições e inúmeras adversidades, mas, ao final de sua jornada, compreendeu que a verdadeira essência estava em como lidou com cada prova que apareceu. Ele não apenas superou suas circunstâncias, mas, acima de tudo, tornou-se um farol de luz e inspiração para outros, provando que até mesmo as lutas mais duras podem construir alicerces fortes para a evolução.

Outro aspecto crucial a considerar é que os desafios podem ser vistos como oportunidades de autoexame. Esses momentos de adversidade podem revelar facetas de nós mesmos que não conhecíamos. Ao nos permitirmos sentir, reconhecer e refletir sobre cadas emoções, passamos a acessar uma nova compreensão do que significa ser humano. O convite é que abracemos essa vulnerabilidade como um espaço de transformação e autoconhecimento.

Eventualmente, o que fazemos com nossas experiências — as dores, alegrias e todas as nuances entre esses extremos — se torna a essência da nossa história. Superar dificuldades, por meio de meditação, terapia, envolvimento em trabalhos voluntários ou conversa franca com amigos, abre caminhos inesperados para a descoberta. Cada pequena escolha que fazemos pode cultivar um espaço sagrado no qual as descobertas espirituais se tornam parte integrante de nossa jornada.

Assim, ao falarmos sobre desafios, é vital que reconheçamos também as pequenas vitórias. Cada meditação realizada, cada compromisso com o autoconhecimento, cada ato de amor e compaixão se torna pilares de sustentação em nossa trajetória espiritual. A construção da espiritualidade não é um caminho linear; é uma viagem repleta de contornos e voltas, em que as experiências podem não seguir as trajetórias que planejamos.

A verdadeira descoberta vem ao percorrermos juntos, ao estabelecer conexões que nos elevam e, por consequência, transformam nosso entendimento do Polissistema Espiritual. Portanto, convido você a reconhecer os desafios como aliados, não inimigos. Fazer isso poderá abrir sua mente e seu coração para as descobertas mais profundas que aguardam para serem reveladas nesse imenso universo espiritual ao nosso redor. É a partir dessas descobertas que conseguiremos integrar todas as dimensões de nossa essência.

Capítulo 3

Reencarnação – o ciclo da vida e suas implicações

Aprendendo por meio da eternidade

A reencarnação, um dos conceitos mais profundos e intrincados da Doutrina Espírita, se apresenta como uma chave que abre as portas para uma compreensão mais ampla da existência e do propósito espiritual. Neste momento, convido você, querido(a) leitor(a), a explorar esse tema com mente aberta e coração receptivo. O esboço desta jornada desvelará não apenas uma explicação teórica, mas também a reflexão sobre como a reencarnação permeia nossa vida cotidiana, moldando nossas experiências e aprendizados pela eternidade.

Desde tempos imemoriais, a ideia de reencarnar vem sendo abordada sob diferentes prismas culturais e espirituais. Escutamos, nas tradições antigas de diversos povos, relatos que transitam entre a imortalidade da alma e a continuidade do ser em múltiplas vidas. Essa perspectiva se reafirma na Doutrina Espírita, que nos convida a refletir sobre a trajetória de evolução do Espírito; cada nova existência é uma nova oportunidade de aprendizado, crescimento e transformação.

Caminhando pelo conceito da reencarnação, podemos destacar sua essência vital: a cada vida que experimentamos, somos confrontados com lições e desafios que nos fortalecem e nos enriquecem. Cada alma tem suas dificuldades personalizadas, não por acaso, mas por um princípio subjacente de amor e justiça. Pergunte-se: *quantas vezes uma dor ou perda, aparentemente insuportável no presente, pode oferecer um valioso ensinamento para o crescimento espiritual?*

A reencarnação não deveria ser encarada como uma punição ou um ciclo interminável de sofrimento, mas como uma oportunidade reparadora. Quando olhamos para a vida sob essa perspectiva, percebemos que somos cocriadores da trajetória que vai escrever nossa história, e que, embora não controlemos totalmente o que nos acontece, temos a capacidade de responder e crescer diante das circunstâncias que nos são apresentadas.

Histórias de vidas passadas podem servir como ilustrações poderosas dessa abordagem. A partir da prática da mediunidade, alguns têm a chance de reviver experiências que iluminam aspectos ocultos de sua atualidade, revelando padrões de comportamento que se repetem vida após vida. Esses relatos impressionantes não apenas estabelecem uma conexão direta com a reencarnação, mas também nos mostram como as lições ainda por aprender podem se manifestar em diferentes maneiras, refletindo em nossos relacionamentos, emoções e decisões diárias.

Nesta introdução ao conceito de reencarnação, somos desafiados a viver com a consciência de que cada escolha e cada amor deixado para trás arrasta consigo uma carga de aprendizado que busca se manifestar novamente. As interações humanas que estabelecemos não são meras coincidências, mas laços de responsabilidade e crescimento, moldando a trama da nossa existência.

Este primeiro contato com a reencarnação tem como propósito preparar sua mente e seu espírito para um entendimento mais profundo das experiências que seguirão. À medida que avançarmos, nossa busca cobrirá as nuances do ciclo reencarnatório, observando como ele se entrelaça com as demandas de nossa evolução espiritual. Que essa jornada falada e escrita ressoe em seu coração e alimente sua busca contínua por conhecimento e transformação!

O ciclo da reencarnação é uma tapeçaria intrincada, que entrelaça experiências e aprendizados de várias existências, constituindo nosso progresso espiritual. Nesta parte da jornada, convido você a refletir sobre as fases desse ciclo, as escolhas, os planos espirituais e a preparação para uma nova vida.

Reencarnar não é uma ação aleatória, é um planejamento meticuloso que envolve escolhas e as condições ideais que permitirão ao Espírito aprender e evoluir. Ao observarmos as disposições do universo espiritual, verificamos que existem planos cuidadosamente estruturados, nos quais os Espíritos se reúnem para discutir suas próximas encarnações, levando em conta experiências passadas, desafios a serem enfrentados e as lições que ainda precisam ser aprendidas — desde a escolha do DNA compatível para que as provas possam ser executadas dentro de uma capacidade física preestabelecida a seleção dos componentes que moldarão o corpo físico, o meio em que acontecerá o nascimento, cada detalhe meticulosamente pensado, com a participação do Espírito atuante, orientada e atenta. É um momento de introspecção e análise, em que cada Espírito busca entender suas virtudes e falhas e projeta suas necessidades para a evolução na próxima reencarnação.

Nesse encontro espiritual, somos confrontados com as verdades sobre nós mesmo, tomamos consciência de que como Espíritos, mesmo que desencarnados, trazemos nossas falhas e paixões do plano material.

As experiências mais relevantes que podemos relembrar na nossa existência atual frequentemente emergem de nossas vidas passadas. Pense em Maria, uma mulher que, durante anos, se viu incapacitada de confiar nas pessoas; a desconfiança a isolava, limitando até suas amizades e relacionamentos profissionais. Por meio de um trabalho profundo de autoconhecimento em um grupo de apoio, ela conseguiu acessar uma vida em que foi traída e abandonada, compreendendo que a dor daquela experiência estava se repetindo em sua atualidade. Esse insight a ajudou a libertar-se plenamente e a perceber que o amor e a confiança são as bases para qualquer relacionamento.

Esse entendimento valioso é uma das chaves que pode abrir portas na busca pelo autoconhecimento. Cada reencarnação nos oferece um baú de experiências coletivas, que servem como base testemunhal para o Espírito em desenvolvimento.

Não devemos esquecer que, assim como os Espíritos deliberam sobre onde e como reencarnar, precisamos estar abertos e dispostos a aceitar os ensinamentos que cada vida nova oferece. Cada escolha que fazemos, cada amizade que cultivamos e cada erro que cometemos contribui para o rico mosaico de nossa evolução pessoal e espiritual. O planeta onde reencarnamos nos oferece um contingencial que precisamos levar em conta, entendendo que nesse processo, embora tenhamos feito escolhas pré-encarnatórias, nada é determinado. Devemos excluir a ideia de determinismo no processo reencarnatório; se assim não for, tornamo-nos reféns da escolha do outro e vinculamos nossa evolução a um livre arbítrio alheio ao nosso.

Ao final desta seção, convido você a refletir sobre suas próprias experiências. *Que lições está aprendendo nesta vida que ecoam de vidas passadas? Quais desafios sente que se repetem e clamam por sua atenção?* Recorde-se de que, a cada novo renascimento, somos presenteados com a oportunidade de avançar, perdoar e transforma-nos, fazendo valer a essência da reencarnação. Essa compreensão profunda transforma nossa visão não só sobre nós mesmos, mas também sobre todas as relações que buscamos construir ao longo de nossas jornadas.

Diante do conceito de reencarnação que começa a se desdobrar, surge, inevitavelmente, uma série de desafios que muitos enfrentam ao tentar integrar essa noção em suas vidas, especialmente em tempos modernos. A ideia de viver várias existências carrega consigo um peso que, em muitas culturas, pode ser mal interpretado ou até mesmo rejeitado. O desafio inicial começa com a própria aceitação do conceito: *como podemos reconciliar a lógica que nos foi ensinada com a ideia de que nossas almas estão em um constante ciclo de aprendizado e evolução?*

Como uma sombra que recai sobre o monte, a dúvida surge irresistivelmente. *Será que estamos realmente destinados a voltar muitas vezes ou é apenas uma forma de conforto que criamos para lidar com a dor e o sofrimento da vida?* Quanto mais refletimos sobre o impacto desse entendimento, mais veementemente a resistência se estabelece. A luta interna pode criar conflitos em nós mesmos e nas relações que cultivamos.

Relatos de pessoas que lutam com essa ideia muitas vezes iluminam a cena. Temos a história de Paulo, por exemplo, um homem que sempre se sentiu diferente, como se estivesse em desconexão com a realidade que o cercava. *"Por que minha vida é tão difícil?"*, ele frequentemente questionava. A falta de relação com os desafios de suas experiências trouxe uma espiral de desconforto. Quando a reencarnação foi apresentada a ele como uma resultante da justiça divina e uma oportunidade de crescimento, a transformação começou a se apresentar como algo palpável e desejável, a busca pelo crescimento se fez possível como referência de vida melhor. A resistência inicial deu lugar a uma curiosidade primordial, mas a lacuna que ficou em seu coração era a pergunta: *"E se fosse verdade"?*

Essa resistência que sentimos não é incomum. Ela se instaura pela forma como a sociedade tende a nos ensinar que somos produtos do nosso meio, que nossa vida é finita e que atacamos a ideia de múltiplas vidas como uma anomalia. Para muitos, a reencarnação se torna algo difícil de aceitar, contribuindo para a angústia. Algumas pessoas, por temer identificar os erros de vidas passadas, bloqueiam a possibilidade de autoconhecimento em suas atuais encarnações.

Deparamo-nos, frequentemente, com situações em que a falta de entendimento sobre reencarnação gera desespero e conflito. Ao contemplar essa realidade, muitas pessoas enfrentam crises de identidade e angústia existencial. O não entendimento da natureza cíclica da vida leva a um acúmulo de frustrações e descontentamentos, exacerbados pelas expectativas sociais de sucesso em uma única passagem.

Olhar para a reencarnação como um verdadeiro ciclo de oportunidades e crescimento pode ser a chave para desmistificar esses conflitos internos. Essa inovação pode parecer perfeita na teoria, mas a prática se revela complexa. O movimento em direção ao perdão de si mesmo e à liberação do peso dos erros passados é um passo crucial no caminho evolutivo. Uma mulher como Ana, por exemplo, que teve que lidar com traumas de vida anteriores, encontrou força em relação à possibilidade de reavaliar seus erros e perceber que tudo fazia parte de sua jornada. Ao dizer *"Eu aceito o que fui"*, ela se permitiu avançar, rompendo com padrões de medo e insegurança que a aprisionavam.

Esse ciclo de aceitação rapidamente se amplia para as relações que construímos. A reflexão sobre o que aprendemos nas vidas passadas, e o que continuamos a enfrentar nas atuais, nos mergulha em uma nova percepção. Se conseguirmos enxergar o outro através desse filtro, adquirem valor as oportunidades de compaixão e amor, não apenas nas relações familiares, mas também em cada interação da vida cotidiana.

Portanto, enquanto nos deparamos com os desafios e as inspirações da reencarnação, reconheçamos que cada dificuldade é uma oportunidade de evolução e autodescoberta. A transformação pessoal começa a fluir à medida que permitimos que nossa essência espiritual transpareça, fazendo das questões do passado uma sólida fundação para a construção de um futuro mais promissor e pleno. Em última análise, à medida que abraçamos a reencarnação, percebemos que os desafios enfrentados são na verdade os alicerces da nossa evolução.

A reencarnação, tão contemplada sob múltiplos aspectos, é um convite à transformação pessoal profunda. Imagine-se diante de uma espiral, em que cada volta representa uma vivência em sua jornada espiritual. A ideia de reencarnar não se limita à repetição da vida, se ampara no potencial de crescimento que cada experiência proporciona. Um dos aspectos mais impactantes da reencarnação é como ela nos desafia a ver a vida de maneira global, entrelaçando passado, presente e futuro como uma trama rica e viva.

Reverter à narrativa tradicional que vê a reencarnação como condenação exige coragem. Aceitar que somos produtos de nossas escolhas passadas, que cada dor é uma oportunidade de aprendizado, é libertador. *Quem nunca parou, em algum momento, para refletir sobre as pessoas que cruzam nosso caminho?* Elas não são meras coincidências; cada pessoa, cada laço estabelecido, carrega em si um propósito, muitas vezes ligado a experiências acumuladas ao longo das vidas.

A prática do perdão emerge como um elemento essencial nesse processo de transformação. *Quantas vezes nos deixamos aprisionar por antiguidades emocionais, sem perceber que, ao nos mantermos reféns dos rancores, limitamos nosso potencial?* O ato de perdoar não diz respeito apenas ao outro, mas também a nós mesmos. Ao abrir mão do peso de vivências carregadas de dor, nivelamos a carga que trazemos a novas experiências, possibilitando um fluxo de amor e compreensão em nossas relações.

A reencarnação nos incita ainda a olhar criticamente os ciclos que estabelecemos. Um ciclo pode ser de amor, mas também de dor; a escolha é nossa. Ao conscientizarmo-nos sobre a natureza coletiva desse processo, selecionamos com maior crueza o que trazemos para nossas vidas. Por exemplo, a história de Clara, que, após vivências desgastantes e um relacionamento tóxico, se permitiu reavaliar suas conexões. O entendimento de que seus medos e suas inseguranças eram construções do passado a levou a um ciclo de libertação. Com isso, ela floresceu, atraindo novas amizades que proporcionaram luz e um espaço seguro para ser plena.

Viver à luz da reencarnação implica que cada indivíduo é tanto mestre quanto discípulo em sua jornada. Cada experiência se assemelha a um livro que pode ser revisitado, reescrito, atualizado e reavaliado. O desafio reside em assumir o papel ativo nessa narrativa e buscar pela expressão mais elevada de si mesmo. O amor incondicional e as práticas de compaixão são esses pilares que, quando firmados na estrutura de nossas vivências, compõem a formação de relações mais saudáveis e verdadeiras.

Vamos, então, nos permitir a liberdade de reescrevermos nossa história, utilizando as experiências aprendidas para moldar um futuro em que o respeito e as conexões prevaleçam. Tal atitude não apenas transforma nosso interior, como também reverbera por todo o Polissistema que nos envolve, criando uma rede na qual o amor se sobrepõe ao temor, e a compaixão se faz dominante. Assim, emerge o verdadeiro propósito da reencarnação: a evolução contínua do espírito humano, sempre em busca de condições mais elevadas de vida e relações profundas.

Convido você a refletir: *o que deseja plantar em sua nova vida? Como as lições do passado podem pavimentar um caminho mais iluminado?* Cada um de nós tem a oportunidade de transformar nosso ciclo reencarnatório, não obstante o que já foi, mas por meio do que ainda pode ser. A magia reside na escolha — escolha sempre o amor, a expressão mais pura do Espírito em evolução. Decida crer que é um Espírito em um corpo escolhido por você, que esse corpo é apenas sua veste e, como tal, deve ser cuidada para que se mantenha em condições de permitir que você, Espírito, se manifeste por meio dela e que, em suas interações, reflita o "Ser Espírito" numa jornada terrena a caminho da evolução!

Capítulo 4

Mediunidade – Comunicação com o "Além"?

Capacidade inerente ao Espírito

A mediunidade, essa habilidade fascinante e frequentemente mal compreendida, se torna um intrincado caminho de aprendizado e crescimento espiritual. Para muitos, a palavra "médium" evoca imagens de sessões espirituais ou fenômenos inexplicáveis, mas, na essência, mediunidade é uma habilidade que pode ser uma valiosa ponte entre os dois Polissistemas — o material e o espiritual. Assim, vamos nos aventurar no entendimento desse elemento essencial da Doutrina dos Espíritos.

Desde as culturas mais antigas, a comunicação com o além tumulo, fez parte da experiência humana. Diversas tradições espiritualistas, como o xamanismo ou os rituais indígenas, oferecem relatos de indivíduos que se tornaram vulneráveis a mensagens de Espíritos. O que diferencia, na perspectiva Espírita, é a natureza organizada e racional dessa comunicação, estabelecida por meio de uma série de práticas e ensinamentos que formam a base do Espiritismo, ou seja, a busca pelo entendimento profundo do infinito e a continuidade da vida após a morte.

Ao longo da história do espiritualismo, muitos relatos de experiências mediúnicas destacam a capacidade de cura, tanto espiritual quanto emocional, que essa prática pode proporcionar. E, coincidentemente, a habilidade de servir como canais de comunicação nos impulsiona a um autoconhecimento profundo.

Essa experiência transformadora não apenas altera o curso de vida, mas também abre novos horizontes para relações mais harmoniosas e duradouras. A mediunidade nos lembra que todos compartilham de um propósito maior, um senso de pertencimento.

É igualmente fundamental discutirmos as responsabilidades que acompanham a prática mediúnica. Os médiuns têm a obrigação ética de discernir e filtrar as mensagens que recebem e de atuar com compaixão e respeito. A comunicação com os Espíritos não deve ser uma ferramenta de exploração ou medo, mas sim um veículo de ajuda e entendimento. Mediante essa mentalidade, a mediunidade se revela como um valioso instrumento de evolução pessoal e coletiva.

Superar os mitos e medos que rodeiam a mediunidade é um desafio constante. Medos comuns, como a ideia de possessão ou de entrar em contato com entidades obsessoras, podem desviar muitos do caminho para a verdade e a paz interior. Aqui, o autoconhecimento se torna um aliado poderoso. Para Jussara, por exemplo, lidar com o medo do desconhecido se tornou um ponto crucial em sua jornada espiritual. Após encontrar orientação e suporte, ela começou a confiar nos seus instintos e a entender a fundo a natureza amorosa da maioria das comunicações espirituais. Essa compreensão a libertou, permitindo que abraçasse a mediunidade como um aspecto benéfico de sua vida.

A mediunidade não se limita a momentos extraordinários em ambientes alternativos; ela pode ser uma força vital em nossa rotina. A prática da empatia, da escuta ativa e da presença amorosa nas interações do dia a dia reflete a natureza da mediunidade. Cada relacionamento é uma oportunidade de comunicação, e, ao cultivarmos essas conexões, permitimos o desabrochar do amor e da beleza que emanam de todos nós. Afinal, somos todos Espíritos na condição de encarnados, toda nossa comunicação se faz de Espírito para Espírito.

Convido você, caro(a) leitor(a), a explorar essa dimensão espiritual com profundidade e abertura. Ao final deste capítulo, proponho uma pausa para reflexão: *como a mediunidade pode influenciar seu cotidiano? Que tipo de interações espirituais e humanas você deseja cultivar em sua vida?* Na conclusão deste segmento sobre mediunidade, a ponte entre o mundo físico e o espiritual será enfatizada como um chamado a todos nós, levando-nos a compreender que a comunicação com o "além" é, na verdade, uma manifestação do amor e do aprendizado em nossa jornada terrena.

Neste momento de nossa jornada pela mediunidade, mergulhemos na rica diversidade das experiências que essa habilidade proporciona. A mediunidade é mais do que uma simples conexão espiritual; ela é um idioma universal que nos conecta ao Polissistema Espiritual, trazendo mensagens de esperança, amor e aprendizado profundo. O amor que emana nessas experiências é palpável, abrindo as portas para a compreensão e a cura não apenas do "médium", mas de todos os envolvidos.

Entretanto, com essa capacidade vem uma grande responsabilidade. A ética é um alicerce fundamental que médiuns devem estabelecer em sua prática. Cada comunicação não deve ser encarada como mera curiosidade, mas essencialmente como uma oportunidade de aprendizado e evolução. A atitude do médium deve ser sempre de respeito e acolhimento, garantindo que a prática seja um canal para elevação e cura, tanto para os que comunicam quanto para os que presenciam.

Para muitos, a imaginação e o medo dançam juntos quando o assunto é mediunidade. A incerteza da prática emaranha-se com a ideia de que aquele que se conecta com o "além" está, de alguma forma, comprometido com entidades menos evoluídas. Porém, a compreensão mais profunda nos ensina que a atitude do médium deve ser de acolhimento e respeito, não importando em que nível de evolução se encontra o Espírito comunicante. Imbuído no propósito de auxílio e vibrando energias de amor, deve descartar todo e qualquer medo com relação ao desconhecido. O exemplo de Jussara é particularmente pertinente. Sua jornada começou com uma aterrorizante visão noturna repleta de pesadelos que a abalou profundamente. Com determinação, recusou-se a ser refém do medo e buscou um caminho mediante o autoconhecimento, reconhecendo que os fantasmas que a assombravam eram, na verdade, ecos de sua própria história. Muitas vezes o que acreditamos ser uma comunicação mediúnica nada mais é que nossa capacidade de nos conectarmos com nossa história pretérita e fazermos acesso aos nossos registros de conhecimento que adquirimos em outras vidas e que, num dado momento, conseguimos trazer para a realidade. Se nos atentarmos para essa capacidade do Espírito, veremos que a maioria das comunicações mediúnicas são dessa categoria. A história das diversas vidas que vivemos fica registrada no DNA espiritual; quando reencarnamos, não precisamos de toda essa bagagem, então esquecemos grande parte dela, mas basta estarmos atentos e num movimento constante para o autoconhecimento que essas memorias são ativadas, e podemos fazer acesso a elas, desde que possam nos auxiliar no nosso progresso moral. O Espiritismo chama isso de animismo e vê essa capacidade como um desvio do médium. Eu não vejo como um desvio, mas como uma capacidade mediúnica extraordinária, afinal, se sou um Espírito e consigo acessar meu conhecimento de vidas passadas e uso esse conhecimento para evoluir ou ajudar outros nesse processo, *por que seria um desvio, e não uma capacidade intrínseca do Espírito encarnado?* Convido você, querido(a) leitor(a), a refletir sobre isso!

As interações humanas na vida cotidiana também são uma forma de comunicação mediúnica. Olhar nos olhos de outra pessoa e compartilhar o momento, a dor e a alegria implica uma entrega. Tais instantes, embora não ostensivamente espirituais, são provas da ligação entre os mundos, uma conexão que transcende o tempo e espaço. Cada contato genuíno que temos é uma expressão da mediunidade em ação, enfatizando que a vida, em sua totalidade, é um fenômeno interligado.

Ao continuarmos nossa exploração pela mediunidade neste capítulo, somos desafiados a desmistificá-la, a aceitá-la como uma maravilhosa oportunidade de autodescoberta e altruísmo. A comunicação entre os Polissistemas não é uma curiosidade, é uma forma de garantir que o amor e a compreensão prevaleçam em nossas vidas, dançando em sincronia com as verdades que buscamos compreender. Que esta viagem pelo universo da mediunidade não só ensine, como também ilumine o caminho para cada um de nós, revelando que a verdadeira essência está no amor que oferecemos um ao outro, no agora e nas gerações que ainda virão!

A viagem pela mediunidade se aprofunda, revelando as diversas nuances dessa capacidade inerente ao ser humano. A mediunidade, que se expressa de tantas maneiras, vai além de simples fenômenos; ela é a própria essência da conexão humana e espiritual. Nesse ambiente equilibrado das comunicações espirituais, os médiuns atuam como canais que integram os mundos em um grande propósito de aceitação, amor e evolução.

A mediunidade na pratica é uma experiência intensa e cheia de aprendizado, em que o médium se torna, temporariamente, a voz do Espírito comunicante ou se expressa permitindo a manifestação do melhor de si num animismo que edifica e consola posto que traz à tona experiencias do existente em repouso para atuar num existente em trânsito. Muitas vezes, essas comunicações proporcionam consolo e compreensão aos que buscam respostas, guiando-os em suas dificuldades e desafios de vida. A história de Cláudia, uma médium que teve a grandiosa experiência de ouvir um Espírito da sua família, é típica desse fenômeno. Ao se conectar com sua ancestralidade, Cláudia trouxe mensagens que curaram feridas antigas não só nela, mas em toda a família.

Por sua vez, existe a intuição, que considerada mediunidade, destaca-se com sutileza e está presente em todos; não é privilégio de ninguém, mas uma capacidade do Espírito. Em sua essência, essa forma de mediunidade não demanda a presença de Espíritos comunicantes, ela envolve nossa capacidade espiritual de fazer a varredura dos Polissistemas em busca de respostas em forma de pensamentos, sentimentos que, bem interpretados, nos trazem mensagens ricas em conteúdos e aconselhamentos. Um exemplo poderoso é o de Rafael, um jovem que, durante um momento de grande desespero, teve uma intuição que o direcionou a buscar ajuda. Aquela "voz interna" que o guiou se revelou numa conexão entre os Polissistemas, que, ao ser interpretado, pôde ampará-lo.

Essa experiência transformou sua visão sobre a vida e, consequentemente, sua relação com o Polissistema Espiritual e consigo mesmo, pois o ensinou a aceitar e a compreender sua intuição como fonte de amparo e meio de auxílio aos que ainda ignoram esse maravilhoso potencial humano. Precisamos aprender ouvir nossa intuição, ela pode nos tirar de algumas situações complicadas.

Entretanto, a mediunidade não é isenta de responsabilidades. É fundamental que os médiuns atuem com ética e discernimento. Mediar informação é fazer um contato direto com o divino, e isso exige uma postura respeitosa com relação ao que se recebe. A prática do respeito e do amor envolve não apenas ser receptivo às mensagens, mas também entender sua origem e propósito. Serenar o coração e buscar conexões puras são passos essenciais para a construção de um ambiente mediúnico seguro e acolhedor.

Se a mediunidade é um canal de amor e aprendizado, devemos nos lembrar que não estamos sozinhos ao longo da jornada. Muitos enfrentam medos relacionados às práticas mediúnicas. Medos de contato com entidades negativas ou fantasmas que rondam nossa mente podem paralisar até o mais destemido dos médiuns. Parte desse desafio passa pelo autoconhecimento.

Assim, convido você, leitor(a), a abrir-se para a prática da mediunidade como um aprendizado diário. Em cada interação, testemunhe suas aventuras, não apenas com Espíritos, mas também com seres humanos. Que suas palavras e ações sejam um excelente reflexo do amor que reside dentro de você! Mediunidade é, de fato, uma expressão viva de compaixão e conexão, traçando não apenas caminhos para o futuro, mas unindo todas as histórias do passado em um mesmo fio que nos orienta.

A profundidade do aprendizado que a mediunidade oferece pode ser encantadora e, ao mesmo tempo, profundamente libertadora. Seguimos juntos nessa jornada, em que as portas do entendimento se entreabrem a cada nova história contada, em que cada reencarnação está repleta de propósitos, amor e aprendizado contínuo.

Nesse ambiente seguro de conexão espiritual, exploramos agora a mediunidade como um válido instrumento de evolução pessoal. Essa prática tão reverenciada é um convite à transformação, oferecendo a oportunidade de comunicação entre os Polissistemas e uma rica fonte de autoconhecimento e crescimento emocional.

A mediunidade estabelece uma conexão com um vasto campo de energias e consciências que nos cercam. Assim como a água que flui de um rio, permitindo que todos desfrutem de seus benefícios, a mediunidade nos proporciona a união entre mundos distintos.

Entender a mediunidade em ação é compreender que cada encontro não é apenas uma oportunidade; é um aprendizado repleto de lições a serem extraídas e compartilhadas. As informações que vêm de outras dimensões são um vasto campo de sabedoria acessível para todos que se dispõe a ouvir e a sentir com o coração aberto. Assim, a mediunidade mostra-se, não como uma prática antiquada, mas como uma ponte que conecta almas em diferentes estágios de evolução, promovendo um espaço de crescimento e transformação.

A ética da prática mediúnica enfatiza a responsabilidade que cada médium carrega em seu papel de intermediário. Isso se reflete no cuidado necessário ao interpretar mensagens e a consideração pelo estado emocional e espiritual dos outros. A prática deve ter como base a compaixão e a integridade, garantindo um resgate verdadeiro e carinhoso entre as dimensões. Cada direção recebida é uma bênção e um desafio, cuja essência deve nos elevar e nos transformar.

Encorajo-o(a) a se aventurar pelo mundo da mediunidade, reconhecendo que sua prática não se limita a fenômenos extraordinários, mas atua no cotidiano como um exercício de amor e compreensão. A intuição e a sensibilidade se tornam recursos fundamentais para nutrir um espaço de acolhimento, em que cada uma das interações se transforma em uma oportunidade de aprendizado profundo.

Em cada experiência, há um enlace sutil entre as dimensões, nas quais amor e respeito se entrelaçam. Ao vivermos a mediunidade como um ato de receptividade, em vez de temer os desafios que ela traz, seremos gratos por cada lição. À medida que você segue sua jornada, lembre-se de que a comunicação entre os Polissistemas não combate a vida, mas enriquece sua essência, relembrando que cada um de nós está aqui para aprender e ensinar.

Convido você a refletir sobre como pode integrar as práticas de comunicação espiritual em seu cotidiano. Que revelações compartilhadas possam iluminar suas decisões, amor e esperança em cada ação! Assim, a mediunidade emerge não apenas como uma habilidade restrita a alguns privilegiados, mas também como um convite emocionante para que todos possam criar ligações mais profundas com o universo que nos rodeia e com aqueles que compartilhamos dessa incrível jornada terrena.

Capítulo 5

Amor e Caridade – fundamentos do Ser sendo

Fundamentos do Ser

O amor e a caridade, como pilares da Doutrina dos Espíritos, são mais do que preceitos; são a essência que nos liga e nos transforma. No cerne do nosso ser, a capacidade de amar é o que nos define como humanos. Ao aprofundar-se nesses temas, encontramos não só a razão de nosso existir, mas também a chave para nossa evolução espiritual.

Neste século, em que relacionamentos e conexões humanas parecem cada vez mais fragilizados e fluidos, o amor se apresenta como um antídoto poderoso. Olhando à nossa volta, percebemos como as interações muitas vezes se tornam superficiais, presas em redes sociais e comunicações instantâneas. O desafio, então, é recuperar o significado profundo do amor, que é acolhedor e libertador. Ao refletirmos sobre nosso estado atual, somos convidados a resgatar a autenticidade das relações, no intuito de levar amor e caridade para o espaço onde habitamos.

O amor, em suas muitas formas, é multifacetado e, muitas vezes, mal compreendido. Passamos a vida adorando a crueza do amor romântico, mas o amor fraternal, aquele que une almas em um constante intercâmbio de bondade e empatia, é igualmente fértil. Há um grande poder nos pequenos gestos; um sorriso, uma palavra de afeto e a compaixão que oferecemos ao próximo. É no amor coletivo que florescemos, e é a caridade, como um reflexo desse amor, que nos impulsiona ainda mais nessa jornada. O amor coletivo, esse cheio de gentilezas para com todos, é uma espécie de treinamento para o amor universal. Mediante essas relações amorosas e gentis, vamos preparando-nos, como Espíritos que somos, para entender, sentir e praticar o amor verdadeiro. A sensação de acolhimento e conforto que essas relações nos permitem sentir nos transforma em seres humanos melhores e nos conecta como uma unidade na Humanidade e na Totalidade que é Deus.

A caridade, não menos essencial, transcende a doação material. Devemos enxergá-la como um estado de espírito. A verdadeira caridade aparece quando estendemos nossas mãos a quem sofre, quando ampliamos nosso olhar e nossas mentes aos que buscam compreensão e nossas almas àqueles que precisam de amor. Quando respeitamos o outro em sua individualidade e singularidade, quando ajudamos sem nos intrometer ou exigir agradecimentos e reverências. Exemplos de atos generosos não faltam. Recordo-me da história de uma amiga que dedicou sua vida a cuidar de pessoas em situações de vulnerabilidade. Com seu olhar acolhedor e palavras de encorajamento, ela levou conforto a muitos corações e fez da sua vida uma obra de caridade. Um verdadeiro testemunho da importância de ser um veículo de transformação.

Falar de amor e caridade nos leva a refletir sobre nosso papel neste amplo palco da vida. Cada um, no dia a dia, tem a capacidade de promover mudanças significativas. Quando escolhemos agir motivados pelo amor e pela caridade, contribuímos para deixar um legado positivo e irradiamos uma luz que toca a todos à nossa volta. Cada atitude amorosa torna-se um efeito cascata, em que a bondade se multiplica e inspira outros a seguir o mesmo caminho.

Em um mundo onde desafios e desilusões são comuns, manter um coração amoroso se transforma em um verdadeiro desafio. Reconhecer e enfrentar os ressentimentos, as mágoas e os desapontamentos são um passo fundamental para cultivar o amor com integridade. Muitas vezes ouvimos a história de alguém que, após longos períodos de sofrimento e isolamento, descobre a alegria de recomeçar por meio da prática da caridade; como pessoas, que, após perder um ente querido, encontram consolo no voluntariado. Seus olhos brilharam novamente ao perceber que suas ações mudaram vidas — a sua própria e a daqueles ao seu redor.

Ao caminharmos por este capítulo, somos convidados a refletir sobre como estamos integrando o amor e a caridade em nossas vidas. São práticas que podem se manifestar em atos simples, no dia a dia, mas têm a profundidade de transformações espirituais verdadeiras. Ao sairmos do nosso lugar de conforto e abrirmos espaço para acolher e apoiar o outro, o amor e a caridade, na sua mais pura essência, nos proporciona a vivência da caridade proposta por Jesus. E, assim, seguimos juntos, como emissários da luz, lembrando que cada ato amoroso é um passo a mais na nossa evolução coletiva.

Nesse espírito, vamos buscar ser modelos do amor de Cristo, continuando a missão de espalhar luz e esperança ao mundo. Esse é o convite que a Doutrina dos Espíritos nos faz: um chamado à ação e ao amor incondicional, que nos aguarda em cada esquina, pronto para ser vivida e compartilhada. Paremos um instante aqui... não apenas com a reflexão de que o amor e a caridade são os alicerces do "Ser Espírito", mas com a certeza de que somos todos agentes dessa transformação mediante nossas ações cotidianas; cada pequeno gesto conta, cada vida importa.

A dinâmica entre amor e caridade emerge como uma poderosa trajetória na busca pelo verdadeiro propósito. Convido você a refletir sobre os elementos que contribuem para que essa ligação se manifeste em sua vida. O amor, na sua forma mais pura, transcende qualquer barreira e se torna um agente transformador nas relações que cultivamos.

Ao ambientarmos nosso viver em torno do amor, percebemos que ele não se limita a sentimentos românticos sentados à mesa de um jantar à luz de velas, nem à esmola displicente quando jogamos uma moeda a alguém necessitado. O amor fraternal, por exemplo, é um convite constante à ação e à compaixão. É por meio do amor ao próximo que a caridade floresce. E, quando falamos de caridade, devemos lembrar que seu conceito vai muito além da mera doação de bens materiais; é um estado de espírito que abranda nossa essência espiritual.

Histórias inspiradoras de caridade têm o poder de tocar nossas almas, lembrando-nos de que pequenos atos podem gerar impactos imensos. Conheço uma mulher que se dedicou a visitar abrigos e orfanatos para entregar alimentos, escutar e acolher as histórias de crianças que muitas vezes se sentem invisíveis. Ao transformar uma simples ação em um gesto de amor, ela se tornou um farol de esperança para aqueles que por ela passaram. Assim, a caridade se transforma em amor, e o amor se concretiza em ações de cuidado e apoio.

É válido compartilhar como essa jornada de amor e caridade nos ensina sobre a resiliência em face dos momentos mais desafiadores. Encontros com aqueles que sofreram suas dores nos revelam que o reparo emocional e espiritual é alcançado quando nos permitimos estender a mão ao outro. Roberth um jovem que passou por um período sombrio em sua vida, encontrou na ajuda ao próximo não apenas um alicerce para sua recuperação, mas também um propósito renovado. Ao pedir à mãe que levasse seu violão para o hospital psiquiátrico onde se encontrava em recuperação pelas drogas, cantou e encantou com sua voz suave permitindo o alivio e o conforto para os que ali se encontravam e, por consequência, foi acolhido e amado pelos que o ouviam e se sentiam aliviados pelas canções. O amor, nesse contexto, é uma força poderosa que nos impulsiona para além de nós mesmos indo de encontro ao outro e retornando redobrado para a fonte.

Ao definirmos o amor e a caridade como fundamentos intrínsecos de nossa jornada espiritual, somos desafiados a ir além. O amor autêntico não se esgota em palavras; ele exige de nós ação genuína. Que possamos ser inspirados pelos ensinamentos de figuras tão memoráveis como Francisco de Assis, cuja vida é testemunho vibrante de que um coração generoso é capaz de derrubar muros e construir pontes!

Nesse diálogo contínuo entre amor e caridade, nos questionamos: *como nosso amor pode fazer a diferença na vida das pessoas que encontramos? Que atitude caridosa estamos praticando em nosso ambiente cotidiano?* São perguntas que ecoam e nos guiam na busca por um mundo mais justo e compassivo. As respostas podem vir em ações simples, mas repletas de significado.

Convido você a se permitir viver essa conexão, a realizar pequenos atos de amor e caridade que, como gotas em um oceano, têm o potencial de realinhar o universo à medida que avançamos em nossa jornada. Que sejamos sempre esses emissários de luz, transmitindo amor e gentileza em cada passo que damos, reconhecendo que, no fundo, estamos todos interligados na grandiosa tapeçaria da vida!

O amor e a caridade são, sem dúvida, o tecido que entrelaça a essência da vida. Minha abordagem nessa jornada pela alma humana revela como cada ato de amor se torna uma semente que, plantada no solo fértil da nossa essência, pode florescer em caridade genuína. Assim, adentramos agora no significado profundo do amor em sua multiplicidade, reconhecendo que é esse amor que nos liga, impulsionando-nos para transformar realidades.

Um aspecto fundamental que muitas vezes escapa à nossa percepção é que o amor não se restringe a um único tipo de sentimento. A diversidade dessa emoção nos ensina que, desde o amor parental até a amizade mais profunda, ou a simples aceitação do outro como ele é, cada forma de amor possui sua própria importância, sua própria lição a nos basear. Relembramos aqui a história de uma jovem, que, após um desentendimento com sua mãe, percebeu que a raiz do conflito estava, na verdade, na falta de amor e compreensão mútua, mas que alguém deveria dar o primeiro passo, e ela se perguntou *"por que não eu?"*. A viagem de reconciliação das duas revelou-se um exemplo vívido da capacidade do amor de curar, restaurar e unir.

Ao considerarmos a caridade, expandimos nosso entendimento para além das doações materiais. Em sua essência, a caridade emerge da disposição de se importar verdadeiramente com as dores e alegrias do outro. É, portanto, uma expressão de amor que se manifesta no dia a dia de forma mais simples e autêntica. Pense em como pequenas ações de gentileza podem criar ondas de amor. Um gesto simples, como segurar a porta para alguém ou oferecer um sorriso a um estranho, um cumprimento amigável, uma oração em silêncio, pode ser o início de uma transformação pessoal e social. Essa é a magia que a caridade traz à tona: ela não só beneficia quem recebe, mas também enriquece a alma de quem doa.

Vamos nos recordar do caso de Bruno, um jovem que, decepcionado e desiludido com o mundo contemporâneo, se viu desmotivado nos estudos e nas relações. Foi ao iniciar um projeto voluntário, dedicando horas a ajudar crianças em situação de vulnerabilidade, que Bruno encontrou um propósito e o renascimento do amor em seu próprio coração. O sorriso e a gratidão das crianças devolveram-lhe a alegria e abriram seus olhos para novas possibilidades. Por meio da caridade, Bruno transformou sua vida e a de muitos ao seu redor, tornando-se um verdadeiro catalisador de mudanças.

Em um mundo onde, frequentemente, os anseios materiais predominam, ressurgir para valores de amor e caridade se revela como um desafio e uma oportunidade vibrante. A conexão entre a caridade e o amor deve ser constantemente relembrada, pois um não vive sem o outro. Dentro de nossas relações, ao oferecermos caridade desinteressada, nossa capacidade de amar se expande, e, consequentemente, somos convidados a refletir sobre como queremos impactar a vida dos outros ao nosso redor e acabamos mudando nossa própria vida. Por isso, lançar um olhar crítico para nossas ações diárias pode nos levar a reconfigurar padrões e incutir um sentimento de comunidade em tudo que fazemos.

Assim, ao continuarmos explorando esse terreno fértil do amor e da caridade, convido você, leitor(a), a refletir sobre sua própria atuação e como podem integrar esses princípios nas suas vidas cotidianas. *Qual legado deseja deixar para as próximas gerações?* O amor e a caridade, devotos mirantes no horizonte de nossa evolução espiritual, mostram que cada uma de nossas interações possui o potencial de se tornar um reflexo do amor mais autêntico que queremos ver no mundo. A transformação não acontece apenas em grandes gestos, mas também nas pequenas ações que praticamos a cada dia. O convite agora é seu: *como você pretende responder a esse chamado?*

Nessa viagem pela essência mais profunda do amor e da caridade, é inegável que somos levados a um entendimento visceral do que significa viver estas virtudes. O amor, em sua dualidade, manifesta-se não apenas em grandes gestos, mas também em nuances sutis que permeiam nosso cotidiano. Ao falarmos de amor e caridade, invocamos um chamado inadiável à ação e à compaixão, e essa essência deve ser nutrida de maneira constante.

Enquanto refletimos sobre a natureza do amor, é importante confrontar a ideia errônea de que ele se limita ao romantismo. O amor fraternal e altruísta é igualmente vigoroso, com potencial de criar laços indestrutíveis entre as pessoas. Considere a história de Felipe, um educador que decidiu dedicar suas tardes à mentoria de jovens carentes em sua comunidade. Ao compartilhar seu conhecimento e oferecer apoio emocional, ele não apenas transmitiu lições valiosas, mas também se tornou uma fonte de inspiração e esperança. O amor que Felipe nutria por aqueles jovens se refletia em cada sorriso e cada história contada, transformando vidas e o próprio ambiente.

A caridade se desdobra como um reflexo do amor verdadeiro. Esse é um amor que se manifesta por meio de ações, não se limitando a palavras, mas se concretizando em comportamentos que ajudam a aliviar o sofrimento alheio. Maria é um exemplo de como a caridade assume diferentes formas. Ela começou seu dia simplesmente servindo um café a um morador de rua em sua cidade. Esse pequeno gesto, embora possa parecer insignificante, teve um impacto profundo. Naquele momento de desprendimento, Maria ofereceu mais do que um simples alimento; ela ofereceu dignidade e respeito, lembrando ao outro que ele era visto e valorizado.

Esse laço profundo entre amor e caridade se torna ainda mais visível quando consideramos os desafios que enfrentamos em nossa sociedade moderna. Às vezes, somos tão absorvidos pelas preocupações cotidianas que nos esquecemos de verificar como a vida do próximo se desenvolve não no sentido de intromissão, mas com sentido de troca, de compreensão e respeito. No entanto, ao fazermos um esforço consciente para mostrar compaixão e solidariedade para com os outros, cada um de nós desempenha um papel fundamental na construção de um mundo mais amoroso e justo.

Caro(a) leitor(a), convido-o(a) a se engajar nessa reflexão: *como podemos levar adiante essas virtudes em nossa vida?* Um amor que se torna caridade não é apenas um conceito a ser admirado, mas um caminho a ser trilhado. Ao fomentarmos a empatia e a solidariedade em nossas interações, testemunharemos a transformação em nós mesmos e ao nosso redor. É nessa interação que o amor e a caridade se convertem na base que sustentará uma vida com propósito e significado. Portanto, que possamos assimilar e praticar esses princípios nas pequenas ações que moldam nossa jornada, sendo sempre luz onde há sombra, amor onde há dor e esperança onde reina o desespero. Em última análise, ao cultivarmos amor e caridade, tornamo-nos não apenas beneficiários dessa energia, mas também seus emissários, contribuindo para um Polissistema Material mais espiritualizado e conectado.

Capítulo 6

Evolução espiritual – desafios do século XXI

A realidade da sociedade moderna

Nós vivemos em um tempo repleto de desafios. A comunicação instantânea, a busca incessante por reconhecimento e a pressão social são apenas alguns dos elementos que moldam a vida contemporânea. É inegável que, ao girar entre diferentes funções e obrigações, nos tornamos escravos de um ritmo frenético e alienante. Essa realidade, muitas vezes, nos impede de enxergar a essência do propósito espiritual que deveria nos guiar.

O cotidiano apresentado em nosso dia a dia é um reflexo direto da cultura moderna. As redes sociais, por exemplo, carregam uma aura de superficialidade, em que cada like e cada comentário são tidos como formas de validação pessoal. Veja a história de Laura, uma jovem profissional que trabalha em uma grande empresa. Desde cedo, ela aprendeu a importância de se destacar, mas, com o passar do tempo, essa busca por reconhecimento se transformou em uma fonte de ansiedade. Sua rotina é marcada por horas diante de telas, competições pelas melhores posições e a constante preocupação em não desapontar os outros.

Laura, como muitos de nós, se vê presa em um ciclo de estresse e exaustão. O equilíbrio entre suas obrigações profissionais e o anseio por um crescimento espiritual é um ato constante de malabarismo, em que, muitas vezes, seu lado espiritual acaba sendo negligenciado. No entanto, Laura decidiu buscar um caminho alternativo. Começou a inserir pausas em sua rotina, não apenas para respirar, mas para reavaliar o que realmente a move. Nesse processo, ela se deparou com um objetivo maior — o desejo de evoluir não apenas como profissional, mas também como ser humano.

Esse despertar espiritual foi um lampejo de esperança em meio à pressão. Ela percebeu que a evolução espiritual não acontece do dia para a noite; é um processo que requer dedicação e autocompreensão. *Porém, como ela poderia implementar mudanças significativas em uma vida tão agitada?* A resposta começou a surgir em pequenos gestos, momentos de meditação, leitura de livros que a inspiravam e encontros sinceros com amigos que partilhavam daquela mesma busca.

Ao cultivar essas práticas, não apenas resgatou um espaço para si mesmo, como também começou a se conectar com aqueles ao seu redor. Ela se deu conta de que a evolução pessoal está intrinsicamente ligada à energia que compartilhamos com os outros.

A vida contemporânea, apesar de suas armadilhas e desafios, oferece oportunidades valiosas para que possamos redistribuir essa energia, acendendo pequenos lampejos de transformação.

Assim, somos levados a refletir: *estamos nutrindo nossa evolução espiritual ou simplesmente sobrevivendo aos desafios diários?* É fundamental reconhecer que, se não investirmos tempo e energia em nossa saúde espiritual, estamos fadados a perder a conexão com aquilo que realmente importa. Portanto, é preciso encontrar um elo entre a correria do dia a dia e a paz interior que brota ao cultivarmos uma vida mais consciente e equilibrada.

É nesse contexto que convites à reflexão se tornam imprescindíveis. *Como podemos transformar a rotina moderna em uma jornada de evolução espiritual?* Ao vermos a história de Laura, somos instigados a tomar atitudes semelhantes, trazendo para a mente a ideia de que é possível resgatar a autenticidade das interações e do amor ao próximo, mesmo no contexto acelerado do século XXI. Nossa evolução não precisa ser uma distância entre nós e nossos objetivos, pode ser uma caminhada repleta de aprendizados, em que cada passo é um testemunho dos desafios enfrentados e das vitórias conquistadas.

O consumismo, como característica marcante do mundo contemporâneo, transformou-se em um dos principais obstáculos à evolução espiritual. Num cenário em que a busca incessante por bens materiais e status é o foco, perdemos a conexão com o que realmente importa: nossa essência, nosso crescimento espiritual e as relações humanas autênticas. Nesse aspecto, a reflexão e a compreensão de que possuímos um propósito são essenciais, pois, em última análise, a felicidade não é encontrada no acúmulo, mas na experiência de vida e na contribuição que damos ao próximo.

Vejamos o exemplo de Ricardo, um empresário que durante anos dedicou sua vida a acumular riquezas. Seus dias eram marcados por reuniões intermináveis, viagens a trabalho e a entrada e saída constante de bens materiais que considerava essenciais para seu status. Contudo, em meio a esse frenesi, Ricardo passou a sentir um vazio profundo, com todas as posses, algo essencial havia se perdido, a conexão com sua vida e sua espiritualidade. Foi então que decidiu empreender uma mudança radical em sua vida. Depois de um grande estresse que quase lhe roubou a sanidade, decidiu parar por alguns dias e, após um retiro espiritual, no qual pôde refletir sobre suas prioridades, optou por simplificar sua vida. Vendeu muitas de suas posses e começou a se dedicar a causas sociais que o tocavam. Ao oferecer seu tempo e recursos para ajudar os outros, Ricardo não apenas transformou a vida de muitos, mas também começou a sentir a plenitude e o verdadeiro significado da felicidade. Ele se deu conta de que o que realmente enriqueceu sua vida não foram os bens materiais, mas as experiências e conexões que construiu ao ajudar e se importar com os outros.

. A busca desenfreada por posses limita nossa percepção, levando-nos a acreditar que a felicidade é sinônimo de consumo e acúmulo. Entretanto, a verdadeira evolução espiritual ocorre quando nos desapegamos do superficial e abraçamos o que realmente nutre nossa alma. Quando trocamos a obsessão por coisas por relacionamentos genuínos e pela prática da solidariedade, estamos, na verdade, cultivando um terreno fértil para o florescimento espiritual.

No âmago dessa trajetória, a vida de uma artista plástica, ilustra de forma marcante essa transformação. Ela sempre se sentiu presa às convenções da sociedade, acreditava que precisava de um estúdio influente e de obras luxuosas para se considerar uma artista de sucesso. Contudo, após algumas experiências em comunidades carentes, onde dava aulas para crianças, sua visão sobre sucesso mudou drasticamente. O brilho nos olhos dos pequenos, ao segurarem suas próprias obras de arte, fez com que ela percebesse que a verdadeira forma de riqueza era a alegria que proporcionava e a liberdade que sentia ao ver os outros se expressando por meio da arte.

Com essas histórias, podemos ver como a mudança de foco do "ter" para o "ser" e o "fazer" resulta em uma evolução espiritual significativa. A cultura do consumismo nos instiga a crer que somos definidos pelo que possuímos; no entanto, as experiências e relações que cultivamos em nossa trajetória espiritual é que realmente nos moldam e preenchem o vazio que bens materiais nunca conseguirão. É nossa obrigação, portanto, reconsiderar o valor que damos às nossas escolhas diárias, alinhando-as ao que realmente importa para nossa evolução e para o bem-estar da coletividade. Somente assim poderemos trilhar um caminho verdadeiro e significativo, levando a vida com mais intenção, amor e compaixão.

A busca por crescimento espiritual em meio ao agitado cotidiano moderno é um desafio que muitos de nós enfrentamos. No entanto, ao integrarmos práticas de autocuidado e atenção plena ao que realmente importa em nossas rotinas diárias, podemos realmente transformar nossa experiência de vida. Para isso, é fundamental reconhecer que pequenos ajustes podem gerar grandes impactos. Aqui estão algumas sugestões práticas que você pode incorporar à sua vida e, com isso, trilhar um caminho de mais plenitude e significado.

A prática da meditação é uma ferramenta poderosa e acessível a todos. Tudo que você precisa é de um espaço tranquilo e alguns minutos do seu dia. A meditação proporciona uma pausa no turbilhão do cotidiano e permite que nossa mente encontre um espaço de silêncio, clareza e relaxamento. Tente reservar cinco minutos, duas a três vezes por semana, para se conectar consigo mesmo. A prática constante ajudará a desenvolver uma mente mais focada e tranquila.

Outra atitude transformadora é a gratidão. Agradeça o dia, a noite, o alimento em sua mesa, um amigo querido, a família, a presença de Deus em sua vida, os desafios e conquistas. Desenvolva o hábito de manter um diário de gratidão, no qual você anote algumas coisas pelas quais se sente agradecido a cada dia. Essa simples atividade pode mudar sua perspectiva, levando você a focar o positivo, mesmo em momentos desafiadores. Experienciar a gratidão diariamente permite que seu espírito se eleve e reflita a beleza da vida. Ao identificar e apreciar as pequenas bênçãos do dia a dia, você começará a perceber um impacto positivo no seu bem-estar emocional e mental. Isso funcionou comigo, pode funcionar com você também.

A caridade também é um caminho maravilhoso para o crescimento espiritual. Ao se oferecer para ajudar pessoas ou causas que precisam de apoio, você não só transforma a vida do outro, mas enriquece a sua própria. Pode ser um ato pequeno, como oferecer seu tempo em um abrigo ou até mesmo ajudar um vizinho. Cada gesto de bondade ressoa dentro de nós e nos lembra da importância de estarmos conectados uns aos outros.

Outro aspecto essencial para construir essa nova realidade de vida é o autocuidado. Reserve momentos para cuidar do seu corpo e mente. Isso pode incluir atividades, como exercícios físicos, caminhadas ao sol, alimentação saudável, observar a natureza e um sono de qualidade. A conexão entre corpo e mente é fundamental para atingir um estado de equilíbrio. Seu corpo é o seu templo, e, ao cuidar dele, você também está se nutrindo espiritualmente, afinal é o veículo que nos conduz à evolução. Cuide bem dele, evite excessos de todos os tipos, divirta-se, ria muito, ria de seus erros, agradeça seus acertos, se abrace, permita-se fazer o que gosta ou não fazer o que não quer, seja você mesmo(a) sem medo de ser feliz.

Você pode se perguntar, *como implementar essas práticas em uma rotina já tão cheia de desafios?* Comece pela definição de pequenos passos. Em vez de tentar mudar tudo de uma vez, escolha apenas uma ou duas práticas para se concentrar. Experimente incluir a meditação ou o diário de gratidão em suas manhãs, ou dedique alguns minutos da sua semana para a caridade, ou ainda observe a natureza que compõem seu trajeto diário ao trabalho. Ao longo do tempo, à medida que essas práticas se tornarem parte de sua vida, você pode adicionar outras, criando uma abordagem holística para seu crescimento espiritual.

Por fim, convide outras pessoas a se juntarem a você nesse caminho. Participe de grupos de discussão, workshops, ou apenas converse com amigos sobre suas experiências. A troca de ideias e encontros sinceros proporciona um ambiente fértil para o crescimento coletivo.

A evolução espiritual não acontece isoladamente, ela se desdobra em nossos relacionamentos, interações e na comunidade que construímos. Ao nos unirmos em nosso propósito de buscar a espiritualidade e vivenciar a compaixão, nos tornamos catalisadores de transformação. Portanto, quando iniciar essa jornada, lembre-se de que cada passo ecoa na vida dos outros, e isso traz um belo entendimento do que significa realmente ser humano, amar e se conectar a essa singularidade que somos cada um de nós. Lembre-se, na natureza nada existe sozinho.

A jornada em direção à evolução espiritual não é feita apenas por nós, mas se entrelaça com as vidas que tocamos ao longo do caminho. Ao abraçarmos a prática da espiritualidade de forma deliberada, nos tornamos beneficiários de um crescimento pessoal e agentes de mudança no mundo coletivo. À medida que nos disponibilizamos a mover-nos por um caminho de amor e caridade, abrimos as portas para transformar nossa realidade e a dos que nos cercam.

É crucial reconhecer que nossas ações individuais têm um efeito dominó, lançando ondas de positividade que reverberam nas vidas de outras pessoas. Essa relação simbiótica entre o crescimento pessoal e o impacto social é vital em tempos de tantas incertezas e divisões. Com cada ato de amor verdadeiro, cada gesto de bondade e empatia, está não apenas elevando o espírito do próximo, mas também, por tabela, aprimorando a nossa própria essência.

Recordo-me da história de um grupo de amigos que se uniu para fazer trabalho voluntário em sua comunidade. Eles se entregaram a diversas iniciativas, desde organizar refeições para os necessitados até criar oficinas de arte para crianças. Ao longo dos meses, notaram uma transformação dentro de si. O que começou como um plano de ajuda ao próximo acabou sendo uma viagem de descoberta pessoal, promovendo um entendimento mais profundo sobre o que significa ser parte de algo maior. A alegria que sentiam ao ajudar outros os uniu como um coletivo forte e solidário, tornando-se uma inspiração para muitos.

Pensemos na importância desse ciclo contínuo de dar e receber. Quando ajudamos alguém, não apenas proporcionamos a essa pessoa um caminho mais leve, mas também fortalecemos nosso próprio coração. Ao nos conectarmos com as necessidades dos outros, nossa alma se abre, e, por meio dessa vulnerabilidade, crescemos e nos transformamos. Cada ação generosa toca a vida do outro e reafirma nosso compromisso com a evolução harmoniosa da sociedade.

O chamado à ação é direto, pode vir por um simples convite para se juntar a um projeto comunitário ou um sorriso a um desconhecido. O mais importante é que cada um de nós escolha o amor e a caridade como guias em nossa jornada diária. Estar preparado para nutrir a espiritualidade e espalhar amor pelo mundo é uma necessidade urgente no mundo de hoje. Aqueles que se unem nessa causa tornam-se exemplares de compaixão e respeito, prontos para conduzir outros na mesma direção, e a vida muda significativamente em todos os sentidos. Parece que o universo se abre, e a leveza do *"Ser Espírito"* se manifesta em toda sua plenitude em nosso dia a dia.

Senti isso em minha vida quando saí da concha do egocentrismo e me abri para olhar para fora de mim; deparei-me com o outro que, assim como eu, estava tão necessitado de afeto e atenção. Quando me abri para realmente ver o outro, o outro também me viu, e a troca aconteceu como num passe de mágica. Experimente, querido(a) leitor(a), é libertador!

Como podemos engajar nossas comunidades em um movimento de amor e evolução espiritual? Um grande passo inicial é promover o diálogo e a compreensão, criando espaços em que a voz de cada um possa ser ouvida. Ao aceitar a diversidade de experiências pessoais, formamos uma rica tapeçaria de ações coletivas que, indiscutivelmente, enriquece nossa vida espiritual.

Portanto, convido você a refletir sobre seu papel nesse vasto universo de conexões. *Que passo pode ser dado hoje para cultivar um ambiente de amor e caridade ao seu redor? Como podemos nos tornar um agente de mudança em nossa e na vida de muitos outros?* Esse é nosso chamado e responsabilidade, agir e compartilhar amor, contribuindo para um mundo melhor e uma evolução espiritual coletiva, que ressoe para as futuras gerações. Sugestão: comece em casa!

Capítulo 7

Críticas e controvérsias – questionando o conhecimento espírita

Aprendendo a pensar

Iniciaremos nossa jornada por um tema delicado, mas vital, as críticas que emergem dentro do Espiritismo. No universo das ideias e crenças, o questionamento é uma ferramenta essencial. Sem ele, a estagnação se torna inevitável. As vozes que frequentemente permanecem nas sombras merecem ser ouvidas, e é a partir da discussão crítica que se abre espaço para o crescimento e a renovação do Movimento Espírita.

A história nos ensina que nenhum movimento perdura sem autoavaliação. É pelo olhar crítico que podemos identificar e remover as escamas que nos impedem de enxergar a luz da verdade. Em testemunhos coletados de Espíritas diversos, percebemos uma necessidade crescente de espaços que acolham opiniões divergentes, em que as vozes que falam sobre insatisfações e angústias possam ser ouvidas. Não se trata de desrespeitar a doutrina em si, mas de discutir formas de aprimorá-la, de torná-la mais relevante para as novas gerações.

Essa busca por um diálogo mais inclusivo e aberto é necessária. Um relato em especial captura essa essência: Marina, uma jovem espírita, expressou seu descontentamento em um conhecido grupo de estudos. Ao compartilhar sua linha de pensamento, que abordava a necessidade de adaptação da espiritualidade às modernidades propostas pelas novas sociedades, ela encontrou resistência. Muitas vezes, as velhas ideias são agarradas com unhas e dentes, enquanto a inovação parece uma ameaça. No entanto,

Marina, com seu fervor e determinação, tornou-se porta-voz de uma nova forma de ver as coisas.

Durante esse processo, nos deparamos com o dilema central, o medo e a resistência à mudança. Quando nos permitimos questionar e expor novas formas de interpretação construtiva, abrimos a porta à evolução. O ato de questionar não apenas desafia o status quo, mas também possibilita a revisão do sentido do espírito crítico e do aprendizado coletivo. Com isso, encorajamos os leitores a pensar para além dos dogmas. Afinal, a Doutrina Espírita sempre foi baseada em princípios de amor, aprendizado e conhecimento, elementos fundamentais que não devem ser esquecidos em prol de uma suposta "tradição".

Nesse sentido, o protagonismo da crítica torna-se um convite à reflexão. Podemos todos fazer parte de um movimento que não apenas busca compreender a evolução da espiritualidade, mas também que deseja realmente integrá-la às nossas vidas diárias de forma crítica e construtiva. É necessário que façamos as perguntas difíceis: *o que podemos aprender com as críticas? Como podemos ser melhores?* Ao estabelecermos um diálogo aberto, todos ganham. Nenhum ser humano pensa, lê ou enxerga as coisas de forma linear; as divergências de opinião, entendimento e compreensão deveriam ser bem-vindas aos grupos que pretendem um entendimento mais amplo das coisas do Espírito. Esse entendimento pode abrir portas para uma compreensão mais acurada e abrangente, afinal não podemos crer que tudo tenha sido dito e que nada mais haja a acrescentar as tradições adquiridas por um conhecimento de mais de um século atrás. Precisamos estar de mente e coração abertos para novas informações, pois, se tudo evoluiu, *será que só a Doutrina Espírita ficou imutável e estagnada?* Note que me refiro ao conhecimento trazido pelos Espíritos de três formas diferentes, Doutrina dos Espíritos, Doutrina Espírita e Espiritismo. Você, querido(a) leitor(a) vai, neste momento, me perguntar; *qual a diferença entre elas?* Respondendo à sua pergunta, devo dizer que Doutrina dos Espíritos é a essência do conhecimento dos Espíritos é o conjunto de princípios que serve de base à ordem e ao funcionamento do Polissistema Espiritual, com suas implicações nas leis que regem o Universo e de interação e correlação com o criador, esses princípios fundamentaram a Doutrina Espírita, que deu origem ao Espiritismo codificado por Kardec. Então, Doutrina dos Espíritos é o conhecimento dos Espíritos; Doutrina Espírita é a compilação desse conhecimento interpretado pelo homem e teve sua época e lugar; e Espiritismo é a codificação dos ensinos dados pelos Espíritos para o entendimento possível feito pelo homem da época em que foi sistematizado para que perdurasse até nossos dias e é passível de novos conhecimentos e entendimentos porque caminhando par e passo com a ciência deve a ela se curvar a cada nova descoberta que porventura venham modificar seus postulados.

Caros leitores, um lembrete sutil. Ao entrar nesse espaço de debate, faça isso com o coração leve e a mente aberta. Cada crítica é uma oportunidade de crescimento, não apenas para o Movimento Espírita, mas para cada um de nós individualmente. Por meio dessa busca por compreensão mútua, poderemos traçar um futuro de maior compreensão e aceitação para a Doutrina Espírita. Que este capítulo seja um convite à ação, um chamado para que possamos nos engajar em diálogos ricos, de respeito e aprendizado constante, sendo assim parte da evolução que tanto almejamos!

A crítica e a honestidade nas relações são essenciais para o crescimento do Movimento Espírita. No episódio do grupo de estudos em que Marina se sentiu desafiada a levantar questões sobre a relevância atual do Movimento Espírita, ouvimos não apenas o eco de suas palavras, mas também a força de um anseio coletivo por evolução. Isso nos leva a questionar: *será que estamos nos modernizando o suficiente para dialogar com as novas realidades sociais e científicas?*

Levando essa reflexão adiante, é válido observar que comunidades de diversas culturas espirituais, ao longo da história, têm se adaptado e evoluído. O exemplo de tradições indígenas, que misturam seus fartos conhecimentos ancestrais com as novas influências do mundo contemporâneo, pode nos inspirar. Sua flexibilidade e abertura para integrar novas ideias nos ensina resiliência e inovação, mostrando que é possível respeitar a tradição ao mesmo tempo que abraçamos a mudança necessária.

Mas o que temos feito dentro do Espiritismo? Estamos realmente acomodando a adaptação? Em vez de afastar as vozes críticas, a proposta é fortalecê-las. O medo de mudar, a aversão ao confronto, muitas vezes nos aprisiona em um círculo vicioso em que rejeitamos a evolução. As vozes clamando por transformação não devem ser consideradas ameaças, mas oportunidades brilhantes para um novo olhar para a doutrina e a evolução espiritual que fatalmente aconteceu desde Kardec.

Para isso precisamos sair da zona de conforto e encarar que urge nos debruçarmos sobre os livros buscando entender o que até agora não foi compreendido; isso dá trabalho, e posso garantir que é muito trabalho. Requer engajamento ao estudo constante, reflexão e coragem para enfrentar a rejeição e o descredito.

Sentimentos de desconforto podem ser conteúdos de um terreno fértil para novas ideias e perspectivas. Ao honrar as críticas e ouvir ativamente quem discorda, conseguimos cultivar um debate saudável que atrai a curiosidade dos jovens e renova o interesse das novas gerações do Espiritismo. Assim, geramos um ambiente propício à diversidade de pensamentos e à criatividade, aspectos fundamentais para qualquer movimento que busca a relevância da Doutrina Espírita para o século XXI.

A experiência de irmãos e irmãs que estão sentindo-se desencorajados ou desencantados com o grupo em que estão inseridos precisa ser trazida à luz da razão. Em um mundo em rápida transformação, onde novos conhecimentos e visões de mundo surgem a todo o momento, a abertura ao diálogo é um pilar que deve ser reforçado. A construção de um espaço aberto, em que as ideias divergentes sejam acolhidas e analisadas como fonte de aprendizado, é urgentemente necessária. Nesse contexto, atos concretos podem florescer. Criação de grupos de discussão abertos não apenas promovem a troca de ideias, como também constroem uma cultura de respeito e acolhimento. Ouso sugerir que os centros espíritas adotem fóruns regulares para debater as opiniões divergentes, transformando críticas em alicerces para um espiritismo mais vibrante e relevante. Espero que, assim, voltemos ao pilar do amor que nos une, permitindo que todos contribuam com suas perspectivas e anseios, ampliando a transparência da Doutrina Espírita.

Os desafios são inúmeros, mas cada resistência vencida é um passo para um futuro brilhante, repleto de aprendizado e compaixão. O questionamento não é um ato de rebeldia, é uma semente plantada no solo da dúvida que florescerá em formas de novas ideias e interpretações. A evolução do pensamento e a disposição para se fazer a releitura são essenciais para que a Doutrina Espírita continue relevante e acessível às novas gerações. Afinal, foram as dúvidas de Kardec que criaram terreno fértil para a codificação.

Os sentimentos de Marina e de outros Espíritas que anseiam por mudanças devem ser respeitados e ouvidos. Ao abraçarmos a diversidade de pensamentos e visões, fortalecemos nosso movimento e nos norteamos sempre em direção ao progresso espiritual, como foi a intenção original do codificador da Doutrina. Essa meta deve eternamente estar na mente e no coração de cada um de nós que se dedica a este caminho repleto de luz e amor.

As críticas estruturais dentro do Movimento Espírita revelam um campo fértil de reflexões que vão além de uma simples discordância. Ao desenterrar as raízes do problema, conseguimos ver que a rigidez de determinadas interpretações da Doutrina impede o surgimento de novos adeptos e desencoraja aqueles que anseiam por crescimento e compreensão. Isso pode ser especialmente desafiador em um mundo onde o conhecimento é dinâmico e diversas questões sociais estão constantemente em evolução.

Em grupos de estudos, a resistência à crítica por parte de alguns líderes é palpável. Muitas vezes, essas figuras preferem manter o status quo a acolher novas ideias que desafiem a estrutura estabelecida. Isso cria um ambiente em que a inibição se torna a norma. Eu particularmente conheço pessoas que iniciaram sua jornada no Espiritismo buscando uma espiritualidade mais inclusiva, chegaram até certo ponto e começaram a sentir que o conhecimento espírita girava em círculos, não evoluía e não chegava a lugar nenhum. Assim não encontraram dentro dos grupos ressonância em seus anseios e foram perdendo o interesse pelos estudos. Ao tentarem discutir práticas contemporâneas em seu grupo, foram recebidos com olhares desconfiados e a sensação de que suas considerações eram vistas como uma ameaça ao "conhecido". Contudo, ao longo de nossas interações, precisamos nos armar de coragem e trazer à tona nossas inquietações, perguntando: *"como podemos ser mais receptivos às mudanças que o mundo nos traz?" Como podemos estar mais abertos à evolução que já aconteceu, com certeza, no Polissistema Espiritual desde o lançamento do Livro dos Espíritos? Como podemos nos encaixar no conhecimento da atualidade espírita sem que para isso precisemos negar Kardec?*

Esse tipo de questionamento é promissor. Quando trazemos à luz as sensações de desconforto que surgem diante de normas rígidas, abrimos a porta para debates que não apenas fortalecem a espiritualidade, mas também permitem que todos os envolvidos se sintam parte de um coletivo em busca de evolução. Mais importante ainda, reconhecemos que a crítica, quando construída em amor, não destrói, mas edifica. São essas pesquisas de entendimento que nos ajudam a refletir sobre o papel do Espiritismo neste novo milênio.

Entendo que é complicado iniciar esse diálogo sem medo, porque os coordenadores de grupos devem estar preparados para isso, devem estar atualizados e munidos de um conhecimento mais amplo sobre o Polissistema Espiritual, o que requer estudo, mas é imprescindível lembrar que a crítica, as opiniões contrárias e as novas ideias devem ser consideradas uma forma de esclarecimento. Na antiga tradição da Grécia, o filósofo Sócrates dizia que a vida não examinada não vale a pena ser vivida. Com isso em mente, encorajar as discussões construtivas é vital para que o Movimento Espírita não seja apenas um relicário do passado, mas sim uma corrente viva de aprendizado e construção de conhecimento.

Contudo, essa jornada não chega a um ponto ideal sem que todos os envolvidos se permitam ser vulneráveis. Tornamo-nos mais fortes na medida em que acolhemos as diferenças e as usamos como fonte de aprendizado. Ao transformar o que poderia ser um ato de resistência em uma troca rica de experiências, estabelecemos novos alicerces que sustentam a Doutrina Espírita, contribuindo para uma evolução que respeita as raízes fundadoras ao mesmo tempo em que olha com esperança para o futuro.

O questionamento e a ideia divergente não são armas contra a fé, mas ferramentas para a compreensão mais profunda. Ao abraçarmos essa ideia, podemos permitir que o entendimento de todos expanda-se, iluminando o caminho para um Espiritismo renovado. Que possamos sempre recordar que, onde há respeito pelo diferente e aprendizado, há espaço para o crescimento!

Este momento é um chamado à ação. Como Espíritas, somos todos responsáveis por uma construção coletiva que se molda a cada nova voz, a cada nova experiência. Esse é um convite para que cada um de nós, independentemente do lugar na comunidade, se comprometa a promover um diálogo aberto e inclusivo. Que sejamos, assim como o grande mestre Kardec nos ensinou, verdadeiros jardineiros da nossa própria evolução espiritual e coletiva!

A chegada do momento de reflexão é um convite poderoso em nossa jornada. Estando imersos nas críticas e contradições que permeiam a Doutrina Espírita, podemos optar por encarar esse cenário como um terreno fértil para crescimento. Esse é o chamado à ação que todos nós, fervorosos admiradores do Espiritismo, devemos levar a sério. Cada um de nós carrega em si a responsabilidade de moldar o coletivo, pacientemente ouvindo e acolhendo opiniões que desafiam as noções estabelecidas.

Não podemos ignorar que as vozes insatisfeitas e questionadoras são as que trazem a transformação. Elas nos instigam a reavaliar nossos caminhos, abrindo espaços para que novas abordagens surjam. Ao olharmos para os que buscam resgatar conexões e redirecionar suas existências, nos inspiramos a dar o primeiro passo. *Já pensou em como cada nova ideia pode ser uma semente que, ao ser nutrida, germina em ensinamentos riquíssimos?* Olhar para as circunstâncias como oportunidades de evolução, e não meramente como obstáculos, torna-se nossa missão.

Uma prática que pode impulsionar essa jornada é a criação de espaços de conversa. Em nossos centros espíritas, *por que não promover rodas de diálogo em que se dê espaço não só para a aceitação, mas também para a contestação?* Precisamos de espaços de amor e respeito, que acolham todos os sentimentos e visões, mesmo que concernentes a uma perspectiva divergente sobre a doutrina. Por meio dessa escuta ativa, as transformações começam a tomar forma.

Olhar para o futuro exige coragem, estudo, reflexão e quebra de paradigmas. Para alimentar a chama da espiritualidade, propomos um compromisso com a caridade e a amorosidade. Essa troca de experiências nos transforma e permite que outros também sintam essa energia vibrante, reforçando os alicerces da verdadeira Doutrina Espírita, que deve ser inclusiva e tem o dever de ouvir, analisar e esclarecer.

Atuando assim, não estamos apenas "reimaginando" a Doutrina, mas efetivamente vivenciando-a! Ao criarmos laços de respeito ao diferente, enraizamos essa ideia em cada diálogo e ação cotidiana. Quando começamos a unificar nossos esforços, transformamos as interpretações divergentes da Doutrina, muitas vezes vista como destrutiva, em uma poderosa, e tão necessária, força criadora.

Longas são as estradas de aprendizado, mas, com cada passo que damos em união com os outros, a jornada se torna menos árdua. Que continuemos semeando, cultivando e cuidando de ideias — são elas que garantirão um futuro repleto de aprendizado para brilhar mais intensamente na caminhada de todos aqueles que desejam se conectar a uma visão holística de Ser.

Nessa empreitada, adotemos a essência da mudança não apenas como um desejo, mas também como um compromisso diário. O vento da transformação soprou, e você é a vela, pronta para dar direção a essa jornada sem fim. Que cada um, ao fim de nossas reflexões, busque mais uma vez o elo que nos conecta na essência de "Ser Espírito" e que nunca paremos de questionar, evoluir e, principalmente, aceitar o que pensa diferente numa atitude de respeito e coragem de repensar o pensado com a mente aberta e o desejo de transformar informações em conhecimento que liberta!

Capítulo 8

Novas perspectivas – a atualidade da Doutrina

A conexão com as ciências modernas

Vivemos um momento de transição em que a intersecção entre ciência e espiritualidade se torna cada vez mais evidente. O Espiritismo, com seus princípios que falam sobre a evolução do Espírito, encontra nos avanços da psicologia e da neurociência a oportunidade de um diálogo enriquecedor. Isso não é simplesmente uma curiosidade intelectual, mas uma necessidade premente, pois a busca por sentido nas experiências humanas é uma constante na sociedade atual.

Os saberes das ciências modernas vão se entrelaçando com os fundamentos da Doutrina Espírita, e é nosso dever explorar essas nuances. A reencarnação, a mediunidade, a evolução espiritual, todos esses tópicos são contemplados sob novas luzes, que oferecem uma compreensão mais profunda e abrangente do ser humano. Por exemplo, a neurociência tem se debruçado sobre o fenômeno da mediunidade, um aspecto controverso que, quando estudado com cuidado, pode revelar como o Espírito se manifesta por meio do corpo físico e mental.

Um estudo fascinante mostrou que indivíduos com habilidades mediúnicas tendem a exibir padrões de onda cerebral que se assemelham a estados meditativos profundos, permitindo uma troca de experiências que transcendem a mera comunicação com o "além". Em depoimentos coletados da comunidade psiquiatra e espiritualista, notamos como essas experiências são, muitas vezes, trazidas à luz de um entendimento amplo e acessível que conduz a uma maior aceitação do fenômeno mediúnico.

Explorar como a espiritualidade se alia à psicologia oferece diversas oportunidades para o aprimoramento dos processos terapêuticos. Pensando no fato de que somos seres emocionais e espirituais, a união desses saberes pode gerar um terreno fértil para curas mais profundas, levando ao desenvolvimento de terapias que abordam não apenas o sintoma, mas também suas raízes espirituais. Essa confluência desperta em nós a capacidade de enxergar mais além, unindo mentes e corações em busca de uma vivência mais plena.

Cada vez mais, projetos e pesquisas são dedicados ao relacionamento entre saúde mental e espiritualidade. Esses estudos confirmam o que muitos Espíritas há muito sugerem: *"a espiritualidade, quando bem compreendida e utilizada como o núcleo da prática terapêutica, transforma não apenas vidas, mas também toda a estrutura social"*. É fundamental reconhecer o ser humano como um organismo físico e como um espírito em constante evolução. A saúde mental deve ser considerada sob uma perspectiva integral, permitindo uma visão que favoreça o autoconhecimento e a autocompaixão.

Não se trata de ver a ciência como uma disputa com a fé, mas uma aliada poderosa. Ao reconhecermos que as diferentes disciplinas se complementam, abrimos as portas a um entendimento muito mais rico e detalhado do ser humano. No dia a dia, são os desafios e as conquistas que colidem com nossas crenças e expectativas, propondo um exercício constante de ajustamento e aprendizado.

Nos tempos atuais, a adaptação do Espiritismo às novas realidades científicas é de suma importância. Ao integrar os ensinamentos obtidos no diálogo entre ciência e espiritualidade, conseguimos promover um espiritismo que ressoe com a modernidade e que se faça presente e relevante para as novas gerações. Nesse sentido, esse mergulho nos estudos científicos deve ser visto não como um afastamento dos princípios da Doutrina Espírita, mas como um aprofundamento e uma celebração da vida em todas suas camadas e dimensões.

Que este capítulo sirva como um marco inicial para que possamos construir uma ponte sólida entre as novas perspectivas científicas e a rica tradição Espírita! Juntos, podemos traçar um caminho que leva à compreensão profunda e ao amor universal que todos buscamos, permitindo que nossas almas se elevem na eterna busca pelo conhecimento

A integração da Doutrina Espírita com as práticas contemporâneas da psicologia é um caminho que se abre para um aprofundamento significativo em nosso entendimento sobre nós mesmos e sobre a vida como um todo. Assim como as tendências modernas nos ensinam a importância do autoconhecimento e da inteligência emocional, a Doutrina Espírita fundamenta-se na ideia de que somos Espíritos em evolução, buscando sempre o aprimoramento moral e espiritual.

Uma forma de aplicar esse conhecimento no nosso cotidiano é, ao nos depararmos com as situações que nossas emoções nos provocam, encontrar respaldo na Doutrina Espírita. Não raras vezes, as tensões sequer são percebidas, pois estamos tão imersos em questões externas que nos esquecemos de ouvir nosso interior. Por meio da prática da escuta ativa de nossos sentimentos e emoções, conseguimos entender melhor como essas reações nos afetam e, consequentemente, como podemos trabalhar em prol de nosso autodesenvolvimento.

Dessa forma, as práticas integrativas que combinam a terapia psicológica com os ensinamentos espíritas podem propiciar uma libertação emocional. Ao analisarmos as dores e os bloqueios que nos assombram, é vital reconhecermos que muitos deles podem ter raízes em vivências passadas ou em traumas de vidas anteriores. Como proposto por alguns terapeutas que estudam a reencarnação como um fator de cura, resgatar essas memórias pode ser um passo essencial para a cura de questões que nos prendem ao sofrimento.

Vamos conhecer a história de Rodrigo, um jovem que sempre se sentiu incompetente. O peso das cobranças familiares e o medo de falhar o acompanhavam em todas as esferas de sua vida. Após iniciar uma terapia que integrava conceitos de reencarnação, ele começou a entender que suas dificuldades estavam profundamente relacionadas a experiências de vidas passadas, em que supostamente não conseguiu cumprir sua missão. Essa prática reveladora permitiu que ele olhasse para sua própria vida com novos olhos, levando-o a libertar-se da culpa e a buscar um caminho de crescimento.

Para além disso, a aplicação dessas práticas integrativas exige que nos aproximemos do tema com seriedade e compromisso. Não se trata simplesmente de ver a mediunidade como uma habilidade extraordinária, mas como um processo igualmente normal que pode ser utilizado em prol do bem-estar físico e emocional. O autoconhecimento, aliado ao conhecimento das leis universais que regem a vida segundo a Doutrina Espírita, pode provocar uma verdadeira revolução interna.

Portanto, ao integrarmos a psicologia com a Doutrina Espírita, estamos não apenas ampliando nossa visão sobre a vida, mas também cultivando o ambiente necessário para que outros possam prosperar nessa jornada de autodescoberta e evolução. Sugiro a todos que pratiquem e se dediquem a esses aprendizados em seus grupos de estudos e na vivência de suas comunidades. O futuro é brilhante quando nos permitimos olhar para dentro e questionar nossa própria história com coragem e sinceridade. Assim, cada um de nós se torna um agente de transformação na sociedade, contribuindo com um Espiritismo que caminha de mãos dadas com as novas descobertas e o impulso positivo da ciência.

A conexão entre a atualidade da Doutrina Espírita e os desafios enfrentados pelo Movimento Espírita é, sem dúvida, um tema carregado de importância. Nas últimas décadas, a sociedade passou por transformações abruptas, e o Espiritismo, ao ser um sistema filosófico que se propõe a entender a razão da existência e a evolução do espírito, precisa analisar como se coloca diante dessas mudanças.

A resistência por parte de alguns grupos dentro da comunidade espírita é um fenômeno notável. Muitos se agarram a dogmas e interpretações rígidas, temendo que a atualização da doutrina desafie a essência do que é Ser Espírita. Esse fenômeno é compreensível, pois envolve o medo do desconhecido. No entanto, essa resistência pode muitas vezes ser derrotada por um princípio muito simples: a curiosidade. Quando decidimos nos questionar e abrir mão de verdades absolutas, podemos descobrir novas ideias que, ao invés de desmerecer o que era aprendido anteriormente, agregam novos significados.

Percebe-se uma abertura maior entre os jovens espíritas, que estão cada vez mais dispostos a explorar o diálogo entre ciência e espiritualidade. O que antes era um tabu ganha eco nos debates contemporâneos. O surgimento de estudos que buscam articular a mediunidade à neurociência, por exemplo, traz novas possibilidades de entendimento sobre como o espírito e o corpo se inter-relacionam. Desafios sempre existirão, mas a oportunidade de renovação se apresenta de forma brilhante. Porém, isso requer estudo e mudança de mentalidade.

É evidente que a Doutrina deve se manifestar em meio à pluralidade de vozes que habitam o universo contemporâneo. Por isso, o desafio se torna, também, em aproveitar as ferramentas da modernidade para expor o Espiritismo de maneira clara e acessível. A linguagem utilizada nas conversas e nos estudos deve ser renovada para refletir a vivência de novos tempos. Não apenas a terminologia, mas também as experiências cotidianas dos adeptos podem e devem ser entrelaçadas às lições de Kardec, oferecendo um entendimento mais rico e próximo da realidade do praticante atual.

Oportunidades nunca foram tantas; os influenciadores digitais espíritas ganham espaço, e as plataformas online possibilitam a disseminação das ideias com rapidez e eficácia. Assim, surge a responsabilidade de cada um de nós em contribuir para um diálogo que respeite a essência da Doutrina Espírita e as vozes que anseiam por atualização e renovação. É preciso criar um ambiente no qual as novas ideias sejam bem-vindas e o questionamento não seja visto como rebeldia, mas como um sinal de interesse pela própria doutrina.

Dessa maneira, a resistência diante do novo tem a chance de se transformar em um poderoso motor de mudança, conduzindo o Espiritismo a um patamar de relevância e aplicação no cotidiano das novas gerações. Precisamos todos ser parte da evolução e da busca por um Espiritismo mais inclusivo, vibrante e adaptado às possibilidades contemporâneas. O futuro do Movimento Espírita depende fundamentalmente de nossa disposição em aprender, crescer e acolher as novas perspectivas que a modernidade traz impetuosamente. Juntos, podemos construir um caminho em que cada voz e experiência sejam valiosos, contribuindo para um Espiritismo que foge da rigidez para emergir em vitalidade. Que os passos que estamos dando sejam firmes na jornada rumo à atualidade da Doutrina Espírita!

O futuro da Doutrina Espírita na sociedade é uma questão que nos desafia profundamente, exigindo capacidade de adaptação contínua e disposição genuína para evoluir. Em tempos de mudanças rápidas, torna-se essencial que o Espiritismo não apenas mantenha suas raízes, mas também se abra para novas experiências e perspectivas. Isso não significa abandonar seus valores centrais, mas reinterpretá-los, fazendo-os ecoar junto às necessidades e dilemas da modernidade.

Vemos que muitas tradições religiosas enfrentam a necessidade de se reinventar. A resistência a esse movimento muitas vezes surge do temor do desconhecido, do receio de que as novas ideias comprometam a fidelidade aos ensinamentos originais. No entanto, a história nos mostra que nenhuma doutrina sobrevive, em longo prazo, sem esse fôlego de inovação. A proposta é que, em vez de lutarmos contra as correntes da mudança, possamos navegar por elas, aproveitando a liberdade que a diversidade de pensamento proporciona.

O Espiritismo tem a coragem de se colocar ao lado das descobertas científicas, estudando o homem de forma holística e integrativa. Um exemplo magnífico dessa abertura é a busca por um diálogo contínuo com a psicologia, bola da vez dos tratamentos e autocuidados no século XXI. Os princípios da Doutrina Espírita vão além do espiritualismo, abrangendo aspectos que podem transformar a vida cotidiana e as relações pessoais. Tais interações revelam como o entendimento sobre nós mesmos é vital e não se limita ao espiritual, mas toca a psique humana, aquele que anseia por compreensão e respeito.

Então, sabemos que as oportunidades batem à nossa porta. A série de estudos que vão surgindo na interface entre as ciências e a espiritualidade nos instiga a propor novas vivências. *Que tal enviar uma reflexão ao seu grupo de estudos?* Ao abrir espaços para conversas descontraídas, todos poderão apresentar questionamentos e decidir, juntos, sua contribuição. Sejamos os arquitetos de um novo tempo, em que o Espiritismo será um abrigo seguro para aqueles que buscam um caminho iluminado, porém não dogmático. O ambiente deve ser de acolhimento, em que as diferenças são respeitadas e celebradas como etapas da evolução coletiva.

Assim, convido todos a aceitarem o desafio de participar ativamente desse movimento. Minha intenção é construir algo maior, e cada um de nós possui um papel essencial nesse processo. As vozes e experiências que trazemos ao longo das nossas vidas são valiosas e precisam ser compartilhadas.

Proponho então um chamado à ação: escrevam, compartilhem suas histórias e reflexões, participem de fóruns que acolham a pluralidade da Doutrina Espírita. O futuro só se concretiza a partir de nossas ações presentes; se nos colocarmos com respeito e dedicação, sem dúvida, colheremos um mundo espiritualizado, renovado, rico em ideias e experiências diversas.

Esse futuro nos aguarda. O Espiritismo é um chamado à autenticidade, uma lubrificação constante do motor de nossa alma que não pode parar. Façamos parte da evolução que está aí em todos os segmentos e exige mudanças, abraçando a esperança de um Movimento Espírita que se manifesta em união, respeito e a eterna busca pelo conhecimento. Permitamo-nos pensar fora da caixa, afinal o pensamento é a arma mais poderosa contra as mesmices do passado, olhemos em frente, afinal nosso futuro é de evolução e não de estagnação. Aprender a pensar e não permitir que nos digam o que pensar nos coloca na posição real de Espíritos em evolução e faz a reforma do pensamento engessado para o pensamento livre de amarras dos dogmas que aprisionam e limitam. Façamos disso nosso objetivo de vida.

Capítulo 9

Estudos e práticas espíritas – juntando teoria e vida

A importância do estudo da Doutrina

O estudo sistemático da Doutrina Espírita é vital para compreendermos as leis universais e a evolução espiritual. É por meio da leitura e da discussão dos ensinamentos de Kardec que nos conectamos com as verdades mais profundas que regem nossa existência. A busca pelo conhecimento deve ser uma constante na vida de todo Espírita, não como uma disciplina árida, mas como um convite a uma jornada repleta de descobertas, revisões constantes, transformação pessoal e conceitos que vão sendo reformulados de acordo com nossa capacidade de ampliar o conhecimento adquirido mediante novas formas de ver, perceber e sentir a partir de novas experiências e relações do nosso dia a dia. O que era verdade ontem pode não ser hoje, até porque a Doutrina Espírita é progressista e evolucionista e, por essa razão, nos convoca a rever constantemente seus conceitos e práticas.

Imagine a cena de um grupo de amigos reunidos em torno de uma mesa, cada um trazendo suas experiências e reflexões sobre o livro dos Espíritos. As falas se entrelaçam, formando uma tapeçaria rica de pensamentos que se expande além do que qualquer um poderia conceber sozinho. Nos olhares atentos, nas perguntas instigantes, vemos a materialização da essência da doutrina, a construção coletiva do saber e do respeito mútuo.

Um exemplo emblemático vem de um grupo de estudos que coordenei em uma pequena casa espírita, logo que me graduei em Teologia Espírita. Pessoas de diferentes idades e *backgrounds* se uniram, motivadas pelo desejo de entender mais sobre sua realidade espiritual. Ao longo de meses, testemunhamos um crescimento intelectual e transformações em nossas vidas pessoais, eu me incluo nisso; conflitos familiares resolvidos, relações de amizade fortalecidas e um profundo senso de propósito que florescia a cada encontro. Muitas dúvidas permitiram a construção de um conhecimento que mudou a visão de mundo e o comportamento de todos. Foi um dos melhores momentos de minha trajetória no Movimento Espírita.

Esses resultados não são mera especulação, mas a certeza de que a integração do ensinamento espírita ao cotidiano traz frutos genuínos, permitindo que os princípios da Doutrina sejam aplicados diretamente nas situações do dia a dia. Quando compreendemos que o estudo não é um fim, mas um meio de edificação moral e espiritual, abrimos as portas para que as lições se tornem parte de quem somos. A prática do conhecimento espírita se traduz em mudanças de atitude, em escolhas mais conscientes que dialogam com a Lei de Causa e Efeito, sempre lembrando que cada ação gera um retorno.

Assim, o convite se estende; que cada um de nós não apenas estude, mas também vivencie! Que as palavras de Kardec sirvam como farol que ilumina nossos caminhos, guiando-nos nas trevas da ignorância e da desesperança! A prática da leitura e do debate é um exercício que vai além do intelecto; é um convite ao despertar da alma, que busca incessantemente por evolução.

Nos momentos de conflito e dúvida, é o estudo da Doutrina que proporciona uma base sólida, permitindo que nos apoiemos em princípios que transcendem as dificuldades momentâneas. A compreensão de que estamos aqui para aprender e evoluir acalma a ansiedade e nos traz a paz necessária para os desafios diários. Construir conhecimento a partir das informações trazidas pela literatura genuína da Doutrina dos Espíritos nos fortalece e nos transforma em seres humanos melhores, pois possibilita melhores escolhas e mudança de visão de mundo a cada conceito concebido a partir das nossas próprias reflexões. Por isso, é muito importante que aprendamos a pensar e não permitamos que ninguém nos diga o que pensar, essa premissa foi sempre a base de minha trajetória nessa jornada da vida terrena.

Por isso, ao abrirmos um livro espírita, que nossa intenção seja sempre a de nos colocar à disposição da transformação, não apenas individual, mas também coletiva. A Doutrina Espírita se enriquece à medida que compartilha experiências e se desdobra em múltiplas interpretações, demonstrando que o amor e o conhecimento são verdadeiras chaves para nossa evolução. Que possamos trilhar esse caminho luminoso, em busca da sabedoria e da vida plena que fomos chamados a viver.

A vida nos apresenta uma série de oportunidades e desafios, e é nesse contexto que a Doutrina Espírita toma forma, revelando-se como uma luz no meio da escuridão. Integrar o conhecimento adquirido por meio do estudo à vida prática é um convite à transformação. Ao olharmos para a jornada diária, percebemos que cada situação traz consigo a chance de aplicar os ensinamentos espíritas, e isso se reflete em diversos aspectos de nossas vidas. Para isso precisamos ter a coragem de rever e construir nossos próprios conceitos, de colocar nosso conhecimento em revisão constante e não aceitar visões antigas e engessadas. Ao fazer minhas próprias revisões de informações recebidas, tenho como princípio básico passá-las pelo crivo dos atributos de Deus, e, se uma única vírgula for destoante com eles, eu me recuso aceitar e retorno em minha busca até ter uma resposta razoável e consoante com a Doutrina dos Espíritos. Só após essa análise criteriosa, me permito aceitar a informação e transmutá-la em conhecimento. Esse conhecimento vai mudar minha vida, minha visão de mundo, então não posso ser leviana com o que aceito como verdade. Outra observação pertinente é que nunca aceito o que os romances ditos espíritas pontuam sobre a Doutrina como verdade Universal, vejo-os como a construção mental de um único Espírito; sua visão de mundo não descreve a realidade contundente do Polissistema Espiritual. A maioria das pessoas que leem apenas romances acredita que é a descrição fiel do mundo espiritual, e, se essa construção mental vem por um médium de expressão no meio Espírita, transforma--se numa verdade absoluta. O conhecimento espírita deve estar fundamentado, principalmente, nas obras de Kardec e de seus sucessores de credibilidade, como Leon Dennis, Camille Flamarion, Gabriel Dellane, J. Herculano Pires etc. Eu duvido de tudo o que não foi citado por eles e fico com as palavras de Kardec: *"Melhor é repelir dez verdades do que admitir uma única falsidade, uma só teoria errônea"*.

Na atualidade já temos obras de peso com novidades do Polissistema Espiritual trazidas pelos Espíritos de Dr. Leocádio José Correia, Irmãos Grimm, entre outros, vale a pesquisa.

O conhecimento espírita nos ensina que cada pessoa com quem convivemos é, na verdade, um companheiro em nossa jornada evolutiva. Ao entendermos os desafios como oportunidades de crescimento, conseguimos transformar momentos de conflito em aprendizado, momentos de dúvida em conhecimento.

Pelo meu jeito de me relacionar com a Doutrina dos Espíritos e pelo conhecimento adquirido nos muitos anos de estudos, tenho sido testada na minha tolerância e paciência com aqueles que ficaram parados no tempo do Espiritismo do século XIX. Meu conhecimento e minha visão assustam essas pessoas, que preferem o afastamento ao mergulhar nesse conhecimento que transforma, por esse motivo decidi dar voz a esse conhecimento por meio deste livro e de outros que virão. Mergulhar no conhecimento de alguém que pensa diferente exige coragem e revisão de conceitos, mas a maioria das pessoas prefere ficar estagnada nos conceitos datados a fazer o movimento de mudança, é muito cômodo ficar parado no já dito, dá trabalho mudar de opinião porque requer estudo, reflexão e coragem.

Essa demonstração do poder do conhecimento espírita em nosso cotidiano vai além do ambiente das casas espíritas. Nas relações sociais, a Doutrina nos ensina a ver cada interação como uma oportunidade de semear respeito e entendimento obter informações e processar conhecimento. Em uma sociedade frequentemente marcada pela competitividade e pela falta de empatia, a prática da análise crítica se torna um diferencial vital.

Entendemos, então, que a espiritualidade não deve ser encarada como algo isolado, desconectado da vida prática, ao contrário, a verdadeira essência do Espiritismo é vivenciá-lo no dia a dia, tornando-o uma extensão natural de nossas ações e comportamentos. As trocas interpessoais tornam-se chamados à ação para que possamos usar o respeito como prioridade, em vez de nos deixarmos levar pela desesperança ou pelo desânimo. A perspectiva espírita oferece a chave para a resiliência necessária nos dias desafiadores, possibilitando que nos mantenhamos firmes em nossa trajetória evolutiva, e essa trajetória exige revisão constante de conceitos.

José costumava se distrair em conversas vazias e superficialidades, lia romances e pregava o que lia como a verdade do universo, tentava a todo custo impor suas ideias equivocadas ao grupo. Foi convidado por mim para se aprofundar nos estudos da Doutrina a partir das obras básicas, aprendeu a ler Kardec e se apaixonou por ler, interpretar e construir conhecimento. Começou a perceber o valor de construir sua própria capacidade de pensar, passou a escutar o outro de forma atenta e trocar informações que enriqueceram seu vocabulário e sua forma de agir, assim sua frivolidade foi aos poucos desaparecendo. Isso se traduziu em amizades profundas e em uma rede de suporte emocional que o sustentou em tempos difíceis. Sua dedicação foi tão expressiva que se tornou um excelente coordenador de grupo de estudos de jovens espíritas. Incontáveis histórias nos mostram como pequenos gestos inspirados pelos ensinamentos de Kardec podem ter grandes repercussões. Essas histórias reforçam a ideia de que todos somos parte de um grande todo, em que cada ação conta, e o estudo e a reflexão nos melhoram como seres humanos espirituais em evolução.

Assim, ao unirmos a teoria e a prática, podemos vislumbrar o caminho que a Doutrina Espírita nos apresenta. Um caminho repleto de oportunidades para crescermos, não somente como indivíduos, mas também como comunidade. Cada ato de bondade, cada gesto de amor, nos leva a um ambiente mais harmônico, em que a dor cede espaço à alegria. Essa é a verdadeira realização; não apenas o progresso individual, mas o florescimento coletivo, em que fazemos a diferença na vida uns dos outros por meio da prática do bem e do respeito mutuo esse será o nosso legado.

Enquanto continuamos essa jornada, o espírito de aporte sempre deve ser a união. O estudo nos prepara, mas é na vivência do que aprendemos que realmente encontramos o sentido de Ser Espírito. Que possamos abraçar essa integração de maneira genuína, reconhecendo que temos em nossas mãos as ferramentas necessárias para construir não apenas a própria evolução, mas também um mundo mais justo e amoroso, onde todos possam prosperar em sabedoria e compreensão! Que venham os desafios e as alegrias, porque, juntos, sempre podemos encontrar um caminho que possibilite nossa evolução pessoal e a evolução daqueles que são nossos companheiros de jornada!

As experiências compartilhadas em grupo são um dos maiores tesouros que a prática espírita nos proporciona. Ao nos reunirmos com outros buscadores da verdade, temos a oportunidade de aprender e crescer juntos. A energia gerada em um círculo de estudos é inigualável, é um espaço no qual cada voz, cada história, traz à tona um novo entendimento e uma nova perspectiva. Aqui, a palavra escrita ganha vida, se transformando em reflexões que ressoam em nosso interior; esse é o objetivo desta obra. Se este livro conseguir tocar um único coração para a leitura e o estudo com o intuito de evolução individual ou coletiva, estará em consonância com o que idealizei quando decidi escrevê-lo.

Os encontros em grupo têm o poder de fortalecer nosso conhecimento e, na troca de experiências, nossa certeza na vida futura. Essas trocas não se limitam ao estudo das obras, mas se estendem às vivências de cada um, nas quais dificuldades, vitórias e até dúvidas são compartilhadas. Por exemplo, em um grupo de jovens espíritas, um debate surgiu sobre a mediunidade e as dificuldades enfrentadas por alguns participantes. O que se viu foi um verdadeiro acolhimento, aqueles que estavam passando por momentos de apreensão foram ouvidos e, a partir disso, outros compartilharam suas experiências, mostrando que não estavam sozinhos nessa caminhada.

Essas trocas geraram ensinamentos que impactaram diretamente as relações de todos ali presentes. Carla, uma jovem que se sentia solitária em sua jornada mediúnica, descobriu que outros enfrentavam desafios semelhantes; aqueles relatos não apenas a encorajaram, mas também a uniu aos demais. A sensação de pertencimento se fez forte, como se todos estivessem entrelaçados pelo mesmo propósito de evolução. Essa experiência não é única; muitos grupos relatam transformações reais em suas dinâmicas pessoais devido ao apoio mútuo.

Ao falarmos desse poder do grupo, não podemos deixar de mencionar as práticas de caridade que frequentemente emergem dessas vivências. Muitas vezes, a vontade de aprender mais sobre a doutrina se traduz em ações tangíveis na comunidade. Projetos coletivos de ajuda ao próximo, que vão desde a doação de alimentos até a realização de eventos beneficentes, são iniciativas que surgem dessa união coletiva. É nesse espaço de cooperação que o Espiritismo se torna um elemento vivo, fazendo a transição do conhecimento à prática.

O contar de histórias, as risadas e até mesmo os silêncios compartilhados durante as meditações ou as reflexões trazem uma conexão que vai além do entendimento racional. São momentos que aquecem a alma e que nos lembram o motivo de nossa busca por compreensão e evolução.

É preciso destacar que, dentro desses grupos, as experiências adversas também servem como ferramentas de aprendizado. Quando alguém adquire um entendimento diferente ou revela uma visão inesperada sobre uma situação desafiadora, os outros participantes têm a chance de refletir sobre sua própria vida à luz daquela nova perspectiva. Assim, obstáculos se transformam em oportunidades de crescimento coletivo, e é preciso celebrar esse aspecto; o aprendizado é constantemente reciclado.

Em suma, as experiências compartilhadas em grupos espíritas são catalisadoras de transformação. Elas estabelecem um compromisso individual e coletivo, promovendo uma rede de apoio e aprendizado mútuo, contribuindo para que a prática espírita não se torne um monólogo, mas sim um diálogo vibrante entre Espíritos em busca do conhecimento que transforma. Estamos juntos nessa jornada, e é na união e no amor que encontramos força, acolhimento e a verdadeira essência do Espiritismo presente em nossas vidas. Assim, que possamos sempre buscar esses espaços de solidariedade, onde o conhecimento se traduz em ação e amor ao próximo e que as casas espíritas se empenhem em ser a verdadeira universidade do povo promovendo reais grupos de estudos presenciais nos quais é possível tirar um tempo em ambiente propício para reflexões, questionamentos e informações permitindo aos participantes construírem seu próprio conhecimento!

Construir comunidades espíritas ativas e solidárias é uma tarefa que demanda comprometimento e a certeza de que somos parte de um todo maior. No coração da prática espírita, encontramos o verdadeiro propósito da solidariedade e da caridade, pilares que sustentam nossas interações e nossa vivência do Espiritismo. Elas nos ensinam que o novo e o diferente podem conviver num mesmo ambiente de aprendizado com acolhimento e aceitação, o que se transforma num exercício de tolerância e respeito à singularidade humana.

Primeiramente, é essencial reconhecermos o potencial transformador que uma comunidade unida pode ter. Quando nos reunimos com o objetivo comum de crescer espiritualmente e ajudar o próximo, somos capazes de criar um espaço seguro e acolhedor, em que todos se sentem valorizados e ouvidos. Imagine a cena de uma tarde ensolarada em um centro espírita: pessoas de diferentes idades e histórias se reúnem para discutir suas experiências, compartilhar seus aprendizados e oferecer apoio mútuo. É nesse ambiente que brotam ideias, nascem projetos e, sobretudo, cultivam o amor.

As práticas de caridade desempenham um papel fundamental nesse cenário. Quando nos organizamos para ajudar os menos favorecidos, por meio de doações, campanhas ou visitas a asilos e hospitais, não apenas proporcionamos assistência, mas também fortalecemos os laços de empatia e compaixão entre os membros da comunidade. É maravilhoso perceber como um gesto simples pode gerar alegria e gratidão. Recordo-me de uma ação em que um grupo de espíritas se mobilizou para oferecer refeições a pessoas em situação de rua. O brilho nos olhos daqueles que foram ajudados, somado à satisfação de quem contribuiu, revelou o impacto profundo que a caridade pode ter nas nossas almas.

Ao falarmos sobre comunidades ativas, não podemos nos esquecer do papel das crianças e dos jovens. Incluir as novas gerações nas práticas e ensinamentos espíritas garante a continuidade da mensagem e a formação de cidadãos conscientes. Oficinas, projetos de arrecadação, ou encontros para discussões sobre o Espiritismo, podem se tornar pontes entre o conhecimento dos mais velhos e a energia inovadora dos mais jovens. Isso não só enriquece a vivência comunitária, como também oferece um ambiente fértil para o surgimento de lideranças transformadoras. Como no caso de José!

Ademais, é imprescindível que tenhamos sempre um canal de diálogo aberto. As comunidades espíritas devem ser espaços em que todos podem expressar suas opiniões e sugestões. Quando as vozes de cada membro são ouvidas, o sentimento de pertencimento aumenta, e as pessoas se sentem mais motivadas a participar ativamente. No entanto, isso exige uma postura de acolhimento. Precisamos estar dispostos a ouvir, respeitar as diversidades e prestar atenção às dificuldades que cada um enfrenta. Um ambiente acolhedor é aquele em que o amor e o respeito tornam-se a base para resolver conflitos e fortalecer relacionamentos.

Por último, convido você, leitor(a), a se tornar parte ativa desse movimento comunitário. *Como podemos iniciar uma ação concreta? Que tal reunir um grupo para discutir novas ideias?* Cada pequeno gesto conta e pode ser a semente de uma transformação maior. Ao pensarmos em como podemos aplicar os ensinamentos espíritas na prática, nos tornamos agentes de mudança, não apenas moldando nossas vidas, mas também impactando positivamente a sociedade ao nosso redor, contribuindo ativamente para a regeneração planetária.

Em resumo, a construção de comunidades espíritas é uma tarefa que requer amor, dedicação e ação. Por meio da prática da caridade, da inclusão das novas gerações e da manutenção de um diálogo aberto, formamos o núcleo essencial para um futuro mais justo e solidário. Que possamos avançar juntos, guiados pela luz dos ensinamentos espíritas, rumo à criação de um mundo onde o amor e a solidariedade sejam as leis que governam nossas vidas!

Capítulo 10

Minha história – reflexões pessoais e aprendizados

Efeito de Resiliência Espiritual

Toda jornada espiritual é marcada por momentos distintos, que delineiam não apenas o conhecimento adquirido, mas também as transformações internas que moldam nosso ser. Aqui, abro meu coração para compartilhar como a Doutrina Espírita se entrelaçou à minha vida, trazendo luz e consolo em tempos de incerteza.

Minha busca por significado começou nas páginas dos livros de Allan Kardec, quando era apenas uma jovem em busca de respostas para as questões inexplicáveis da vida. O que me impulsionou a explorar mais profundamente a Doutrina foi uma experiência pessoal que me marcou profundamente. Depois de uma busca incessante pela minha conexão com Deus, que para mim era um enigma indecifrável, e após percorrer religiões de várias denominações possíveis, desiludida e pronta a desistir, eu percebi uma pessoa humilde, sem posses, que trabalhava há anos em minha casa.

Lembro que ela tinha uma sensibilidade especial para a percepção do sofrimento humano. Ao perceber minha angústia, convidou-me para conhecer sua mãe, que aplicava passes curadores por intermédio de uma entidade espiritual que se apresentava como uma cabocla. Busquei consolo, e foi nessa busca que as palavras dessa cabocla de umbanda trouxeram um lampejo de esperança e me levaram a conhecer a Doutrina dos Espíritos. Daí até a obra de Kardec foi um longo caminho de aprendizado e interação com o "mundo dos Espíritos". A compreensão sobre a continuidade da vida após a morte se tornou um porto seguro em meio à tempestade emocional. Foi nesse local que minha visão de mundo sofreu uma mudança significativa e lançou as bases de minha transformação. Sempre fui uma pessoa ansiosa, autoritária, perfeccionista, muito exigente comigo e com as pessoas ao meu redor, e o contato com a humildade daquelas pessoas e entidades despertou em mim o desejo de ter aquela paz.

No entanto, como qualquer jornada, não foi isenta de desafios. A resistência que experimentei tanto interna quanto externamente me fez questionar, a todo o momento, minhas crenças. Os comentários céticos e as críticas de pessoas próximas criaram um cenário que, em vez de desviar meu caminho, fortaleceram meu compromisso. Enfrentei momentos de desilusão, mas nada foi mais poderoso do que olhar nos olhos daqueles que também buscavam entender seu papel no universo. Nesses encontros, o poder da sororidade e da fraternidade estabeleceu uma rede de apoio que me sustentou nos meus propósitos de reforma íntima, rede essa que me engajei por entender que essa atitude levaria consolo a outros nos momentos difíceis e que eu poderia ser o veículo dessa energia. Foi onde me conectei com Deus pela primeira vez.

A prática do espiritualismo não se limitou ao estudo, ela se manifestou em ações concretas que transformaram não apenas meu ser, mas também a sociedade ao meu redor. A partir de minha dedicação e prática dos ensinamentos espíritas iniciei minha participação ativa em diversos projetos voltados para a evangelização de crianças e jovens, fui coordenadora de grupos de Estudos das obras de Kardec, fiz parte de grupos de assistência aos necessitados. Um dos mais marcantes foi quando me juntei a uma equipe de voluntários para ajudar idosas em situação de abandono. O que inicialmente era apenas um gesto de compaixão se transformou em um profundo aprendizado sobre amor e doação. As risadas, os olhares de gratidão e o brilho nos olhos daquelas mulheres com histórias de vida tão marcantes trouxeram um sentido de realização que palavras não podem descrever. Engajei-me em assistência a crianças em situação de risco, e não há nada mais gratificante do que ver um serzinho que parece ter sido abandonado pela vida correr ao seu encontro e se pendurar em seu pescoço numa atitude de necessidade de acolhimento, carinho, aconchego e amor. A sensação desse momento é a de que, se nada der certo na vida, eu toquei uma alma inocente com o melhor de mim, minha espiritualidade latente.

Convido você, querido(a) leitor(a), a ter essa experiência, você corre o risco de nunca mais ser o(a) mesmo(a), de mudar sua perspectiva. Vai, com certeza, mudar, e muito, sua visão de mundo, da vida, das pessoas e de Deus.

Refletindo sobre essas experiências, percebo que o que realmente importa na caminhada espiritual não são os conteúdos absorvidos, mas as relações que criamos.

Os grupos de estudo nos oferecem mais do que conhecimento; eles nos proporcionam experiências de transformação. Em conversas repletas de emoção e verdade, os participantes se tornam mestres uns dos outros, compartilhando suas histórias e desafios como parte da jornada para um mesmo objetivo. Essas vivências trouxeram à tona não apenas princípios claros, mas também a compreensão de que a caridade deve ser uma extensão de nossa alma.

É comum que esse caminho se revele inesperadamente desafiador e que algumas propostas fiquem à espera de nosso acolhimento. Quando uma tempestade se abate sobre nós, surgem as dúvidas e os medos; mas, ao abrirmos espaço para o amor em nosso cotidiano, percebemos que a luz da Doutrina se acende ainda mais. Assim como em minha história, cada um de nós é chamado a transformar dificuldades em lições, carregando o passado como um degrau para o novo.

Na busca por um mundo mais justo, faço uma convocação à compreensão do outro. É no respeito às diferenças que construímos um verdadeiro lar espiritual. Abreviar a distância entre nós é primordial; enrolar-se na indiferença é o que nos afasta do essencial, a empatia palavra tão utilizada em nossos dias, mas muito pouco compreendida e aplicada precisa fazer parte de nosso modus operandi. Portanto, ao seguir por esse caminho, que nossa jornada seja repleta de amor, aprendizado e a consciência de que cada ato, por mais simples que possa parecer, reverbera na eternidade.

Sigo, então, convidando você a embarcar nessa jornada e refletir sobre as experiências, revisitar seus aprendizados e conceitos e colaborar com seu próximo tornam-se ações indissociáveis do todo. Que este capítulo não apenas compartilhe minha vida, mas também gere em você a ação, um convite ao amor em cada gesto que fizer amanhã.

Ao refletir sobre minha trajetória pessoal, percebo que minha espiritualidade se manifestou de forma intensa, especialmente quando estive mais aberta ao conhecimento da Doutrina dos Espíritos, mas, como nem tudo são flores, me vi novamente desafiada! Era uma fase da vida em que me sentia totalmente confusa, desejando ardentemente encontrar respostas para as dores e os desafios que enfrentava, e outro despertar aconteceu em meio a uma sequência de fatos e descobertas de sério comprometimento com minha saúde que me desligaram de todas as atividades que eu amava. As forças me abandonaram, o desânimo, a incerteza a presença da dor constante me prostraram profundamente. Porém, as lembranças de todo o feito, dos rostos amáveis daquelas idosas, o carinho das crianças, os jovens que evangelizei me mantiveram no caminho. *Os conceitos construídos até então já não mais respondiam a minha ânsia por entender por que eu teria que passar por tanta dor física se tinha feito tanto bem?* Nesse momento questionei Deus: *"Você existe mesmo?"*. Deixei tudo e, a pedido de um espírito amigo, me matriculei no Curso de Teologia Espírita. Ávida por conhecimento, continuei minha trajetória de estudos para tentar entender a vida e suas nuances. Estudei a Doutrina por cinco anos, durante quatro horas por dia, cinco dias por semana. Fiz provas, trabalhos, testes de laboratório, artigos, Trabalho de Conclusão de Curso; tive aula com encarnados e desencarnados e tudo o que uma graduação desse nível exige.

As aulas, as conversas, as reflexões e as histórias partilhadas naquele ambiente acolhedor se tornaram meu porto seguro em um mar de incertezas.

Lembro-me da primeira vez que falei sobre minha vida em uma das aulas. Com a voz trêmula e o coração disparado, compartilhei uma experiência que me marcara profundamente. Ouvindo as reações solidárias dos outros participantes, algo dentro de mim se transformou. As lágrimas que antes pareciam ser símbolo de fraqueza agora eram uma expressão de libertação e conexão. Entre os presentes, havia pessoas que também enfrentavam tempestades semelhantes; juntos, criávamos uma rede de apoio que parecia invisível e, ao mesmo tempo, tão palpável.

O conhecimento que ali se construiu foi libertador. Aprendi com os Espíritos a duvidar, questionar, buscar respostas, construir conceitos, levantar hipóteses e, principalmente, a pensar. Hoje não aceito mais conceitos pré-concebidos, ideias criadas para me dizer o que pensar; verdades absolutas. Hoje construo minhas próprias verdades baseadas na análise razoável dos fatos; meu crivo passou a ser os atributos de Deus. Qualquer coisa que não passe pelo crivo da razão e pelos atributos de Deus refuto veementemente.

Conforme os encontros se sucediam, fui percebendo que os desafios que antes me pareciam monstruosos se tornavam, na verdade, peças de um quebra-cabeça que se encaixavam. Recordo-me de uma partilha, feita por um irmão que enfrentava um luto imensurável. Suas palavras ressoaram profundas dentro de mim, e naquele momento compreendi que a dor é sim parte da experiência humana e que, ao compartilhá-la, temos a possibilidade de aliviá-la, mesmo que por um breve instante. É o que chamo de *efeito de resiliência espiritual,* a força que encontramos coletivamente para superar as adversidades.

À medida que essa jornada de construção do conhecimento, de autoconhecimento e espiritualidade avançava, comecei a sentir, em momentos de dificuldade, o impulso de transformar minha tristeza e dor em ação. Um impulso que não era forçado, era uma resposta natural ao meu crescimento interno. Por exemplo, um dia, enquanto caminhava pelas ruas do meu bairro, me deparei com uma mãe e seus filhos em uma situação de vulnerabilidade.

O que antes seria apenas um olhar desapegado se tornava um convite à ação, à caridade. A experiência de ajudar aquela família trouxe um pouco de alívio à minha situação e iluminou minha alma. Sentir a gratidão em um simples "obrigado" me trouxe uma sensação de propósito e conexão com a essência divina que só a prática da caridade pode oferecer. E eu voltei a entender Deus! Minha dor foi aliviada pela percepção da dor do outro. Percebi que cada fase de minha vida me levava ao encontro do sofrimento alheio, fazendo-me perceber que, por mais que eu sofresse as dores do corpo, as dores da alma do próximo sobrepujavam qualquer dor que estivesse sentindo. Fui então buscar ajuda para minhas dores, compreendi que precisava estar bem para fazer o bem e que o movimento de cura e mudança tinha que começar comigo; eu precisava curar-me como Espírito, e, por consequência, meu corpo encontraria o alívio e a paz tão almejados.

Integrar a prática da espiritualidade ao dia a dia é entender que somos agentes transformadores. Cada ato de amor, cada palavra de encorajamento e cada gesto de misericórdia reverberam nas vidas que tocamos e em nós mesmos, formando um ciclo de aprendizado e evolução constante. Essa sinergia é palpável. Tive a chance de ver amigos mudarem seus comportamentos, se abrindo às possibilidades de um futuro mais brilhante, em que a espiritualidade se tornou uma força manifestada na vida prática.

Nesse contexto, convido você a refletir sobre suas experiências e as lições absorvidas em grupo ao estudar a Doutrina dos Espíritos. Outras almas ao nosso redor estão esperando para ouvir sua história, assim como uma vez nos abriram seus corações. Por isso, é fundamental que usemos nossas vivências como exposição não apenas para nos entendermos melhor, mas também para ajudarmos os outros a se compreenderem, a se aceitarem e, por fim, a se amarem.

Estamos todos conectados por fios invisíveis, tecendo um grande manto no qual nossas experiências, dores, alegrias e aprendizados se entrelaçam, formando um padrão que apenas o amor pode justificar. Portanto, que a luz da Doutrina dos Espíritos continue a nos guiar nessa jornada de autodescoberta e serviço ao próximo, lembrando que a transformação verdadeira começa dentro de nós e se irradia para o mundo que nos cerca.

Carregar a certeza de que a jornada espiritual é uma construção diária — feita de vivências, amor, solidariedade —, é o que torna nossa experiência neste mundo ainda mais rica e significativa. Assim, convido você, leitor(a), a se unir a mim nessa caminhada incessante de amor, caridade e evolução.

A jornada que trilhamos em busca do entendimento espiritual é recheada de desafios e lições fundamentais, e é em meio a esses desafios que encontramos as verdadeiras riquezas da alma. Recordo-me de ter vivido momentos de intensa frustração e incerteza, nos quais a busca por respostas parecia ser uma estrada sem fim. Após minha graduação, queria que o mundo soubesse o que eu sabia, então montei grupos de estudos nos quais partilhava todo meu conhecimento. Foi em uma dessas ocasiões que conheci um círculo de estudos espíritas e percebi o poder das conexões humanas no ato de compartilhar experiências.

No ambiente acolhedor do grupo, um participante confessou que nossas experiências e aprendizados fizeram com que ele deixasse de ser apenas um espectador da vida para se tornar um participante ativo.

"Partilhar minhas inquietações e ouvir relatos de outras almas que também buscavam compreensão acerca da vida e da morte trouxe um novo significado à minha jornada", disse ele.

Uma amiga, uma das mais antigas frequentadoras do grupo, sempre pontuava a importância de olharmos para os desafios como oportunidades de crescimento. Ela mesma havia enfrentado uma grande perda, mas sua força e fé faziam com que todos nós olhássemos para nosso sofrimento sob um novo prisma.

No início do curso, admito, foi difícil ver a luz em meio à escuridão. As aulas eram ricas em aprendizado, mas as dúvidas atacavam como sombras, que não queriam se afastar. Meu conhecimento datado era um ponto de inflexão para a abertura da mente para o novo. Lembro-me de uma noite em especial, quando discutíamos a reencarnação e o perdão, e uma colega de grupo, tocada por suas reflexões sobre a dor de sua própria vida, chorou e, em meio às lágrimas, começaram a surgir novas verdades. Naquele instante, compreendi que não estávamos apenas aprendendo a Doutrina dos Espíritos; também éramos Espíritos em processo de cura, estávamos todos nos curando por meio do conhecimento. Cada palavra trocada, cada partilha verbalizada, trazia consigo um eco de empatia e amor que nos interligava.

Emergindo da influência dos outros, percebi a transformação mais significativa em minha vida; a capacidade de olhar para as dificuldades não como obstáculos, mas como catalisadores da minha evolução. As ações que tomei decorrentes daquela disposição para me abrir resultaram em mudanças positivas nas minhas relações. De forma ressignificada, a energia que emanava de cada um de nós se tornava um espelho, no qual podíamos ver, não nossas fragilidades, mas nosso potencial e força. Os mestres que nos conduziam ao aprendizado foram fundamentais nesse processo de construção de novos conceitos. Sou grata a cada um deles.

Em minha prática de caridade, a vivência da Doutrina dos Espíritos gerou um germinar de esperanças. Cada doação, cada momento que passamos juntos organizando, levantando sorrisos e dedicando nosso tempo, tornava-se parte de uma construção coletiva de amor e solidariedade. Os que antes eram gestos isolados passaram a construir um mural infinito de realizações que ecoavam longe, garantindo que a doutrina não fosse apenas algo que líamos ou estudávamos, mas algo que vivenciávamos e propagávamos.

Essa capacidade de transformação é um tributo à essência do que é Ser Espírita; nossa responsabilidade se estende em cada ato, cada escolha é um reflexo da luz ou da sombra que decidimos deixar fluir em nossa vida e entre aqueles que nos cercam. Durante os encontros, as conversas se tornaram cada vez mais profundas, permitindo que nos desnudássemos espiritualmente, aceitando a dor alheia como nossa, numa manifestação de pura empatia, e nos permitindo ser suporte em meio às tempestades da vida.

Encerro essa parte da minha história lembrando que toda dor é semente da compaixão e despertar para o novo porvir. Cada um de nós é chamado a olhar com amor nossas experiências e a trazer à luz tudo que aprendemos, pois, por meio dessa conexão com o outro e com o divino, testemunhamos um verdadeiro milagre; a transformação. Que as lições e vivências em grupo continuem ecoando entre nós e que possamos sempre encontrar o dom do amor e da empatia em cada olhar, em cada abraço, na simplicidade da convivência!

A jornada que trago a vocês neste capítulo é repleta de reflexões e aprendizados que moldaram minha compreensão e prática da Doutrina dos Espíritos. Desde o momento em que mergulhei nos ensinamentos de Allan Kardec, fui despertada para uma realidade ampla, que não se limita ao que os olhos podem ver, mas que abre portas para um mundo de possibilidades infinitas.

Lembro-me com clareza de como, em momentos de profunda tristeza, encontrei consolo e entendimento nas páginas das obras de Kardec. A ideia de que a vida é um ciclo contínuo de aprendizado e evolução me trouxe alívio. É assim que a Doutrina dos Espíritos se fez presente em minha vida, trazendo luz onde antes havia escuridão. A cada leitura, a cada reflexão em grupo, a experiência coletiva me impulsionou a acreditar na possibilidade de transformação, tanto em mim quanto nos outros, transformação essa que se torna possível mediante a construção do conhecimento assimilado nessa interação e troca de experiências ricas em reflexão e mudanças pela capacidade de pensar o que nunca havia sido pensado.

Os desafios que enfrentei nesse caminho não foram poucos. Recordo-me de momentos de dúvida e resistência, em que a voz da sociedade me aconselhava a seguir uma visão materialista da vida e o Espiritismo me impulsionava a aceitar as ideias construídas a partir da interpretação da Doutrina dos Espíritos que o outro fazia ao ler romances e aceitá-los como a verdade da Doutrina. No entanto, foi em meio a essas pressões que encontrei força na vivência da verdadeira Doutrina dos Espíritos. Descobri que, após vivenciar as experiências de um Curso de Teologia Espírita e ouvir Espíritos que traziam uma nova visão para o Espiritismo do século XXI, compreendi que não precisava mais aceitar as ideias antigas, mas poderia ampliar minha visão sobre a Doutrina dos Espíritos e enxergar o que estava nas entrelinhas, compreendendo que, se tudo no Universo evolui, o Espiritismo precisa evoluir também, precisa sair da visão do século XIX e trazer uma nova forma de pensar a Doutrina em toda sua grandeza para este século, como uma filosofia de vida pautada na ciência e construindo uma religiosidade e não, mais uma religião.

O início dessa minha caminhada se deu em um pequeno grupo de estudos em meu bairro, onde humildes encontros começavam sempre com a troca de experiências pessoais. As vivências de cada membro eram partes essenciais daquela construção, cada história tinha seu próprio peso e relevância, e eu podia mostrar àquelas pessoas como ler Kardec com olhos de ver, como aprender a pensar e, principalmente, que pensar e externar o pensamento, mesmo que vá contra tudo o que o Espiritismo prega, é saudável e não seria julgado, pelo contrário seria aceito como parte integrante da construção de um novo pensar a Doutrina Espírita, permitindo a compreensão da singularidade humana que deve ser respeitada acima de qualquer ideologia. Não existem verdades absolutas, o que existe são nossas verdades, construídas a partir de nossas experiências.

Durante uma dessas reuniões, um amigo compartilhou uma ideia nova sobre a mediunidade. Ao ouvir suas palavras, não apenas me identifiquei com suas ideias, como também percebi que ali estávamos todos juntos, buscando o livre pensar na ânsia de encontrar respostas para tantos questionamentos que o Espírito está ávido por encontrar. Essa troca, tão sincera e repleta de coragem, sim, de coragem, porque externar pensamentos e crenças que estão fora da caixa exige coragem, me fez refletir sobre a importância de nos apoiarmos mutuamente em nossa evolução. *Como não se alegrar diante de tamanha união e compreensão?* A sabedoria coletiva começou a se formar à medida que nos abríamos para ouvir o outro e aceitar o pensar diferente como parte da jornada de todos nós.

Isso tudo, aliado às ações sociais que desenvolvemos no grupo colocando em pratica o que ali adquiríamos como conhecimento e comprovando que o livre pensar transforma, levou-me à conclusão de que a prática da caridade foi um divisor de águas em minha caminhada. Lembro a primeira vez que me envolvi em uma ação social, organizada pelo próprio grupo que coordenava, após perceber que cada novo olhar para a Doutrina, respeitado e aceito como uma verdade individual em meio a tantas verdades construídas poderia mudar vidas. Então, doar tempo, recursos e amor foi uma experiência transformadora. Aqueles Espíritos transformados pela compreensão de si mesmos como indivíduos pensantes mudou a maneira de fazer caridade, de ver e pensar o outro, melhorou a capacidade de se doar de perceber a necessidade do outro com os olhos do amor e da empatia. Foi aí que entendi que podemos, sim, mudar o mundo a partir do respeito às diferenças e da ação consciente por meio de um novo olhar para nossas verdades e crenças. Enquanto observava os sorrisos e o brilho nos olhos de pessoas menos favorecidas, compreendia que, muitas vezes, o ato de dar nos oferece mais do que ao receptor. A felicidade encontrada nos pequenos gestos de compaixão consciente é um ensinamento que trago comigo até hoje.

As interações comunitárias me levaram a perceber a riqueza nas histórias compartilhadas. Cada encontro, cada abraço, melhorava minha visão de vida e revelava uma nova resposta às questões que me afligiam. A espiritualidade sempre fez parte de nós; o diferencial é reconhecer sua presença nas ações do dia a dia, nas atitudes que cultivamos com o coração. Assim, nossa evolução individual se entrelaçava com a coletividade.

Além das alegrias, os desafios foram, e ainda são, uma constante. Alguns levaram tempo para serem superados. Olhando para trás, vejo que muitos surgiam como verdadeiros testes de fé e resiliência, obrigando-me a questionar minha fé a cada instante. Porém, percebo que, no desenrolar desses eventos, fortificou-se não apenas meu caráter, mas também a certeza de que os laços espirituais são indestrutíveis. O amor e o respeito pelo pensar diferente, em sua mais pura forma, foram as chaves que abriram as portas da minha evolução.

Assim, ao fim da nossa reflexão, deixo um convite: que você se permita compartilhar sua história, suas dores, suas alegrias, pergunte, questione, duvide. Não subestime o poder de sua voz. Estamos todos unidos em uma teia de experiências, na qual cada fio possui cadência única. Que possamos construir uma comunidade forte, em que o amor, o respeito, a empatia a caridade e o incentivo ao livre pensar sejam o fio condutor de nossas ações! Que este capítulo, além de expor minha história, inspire você a se aventurar na jornada coletiva já iniciada! Transformar cada dor em aprendizado e cada dúvida em conhecimento é o verdadeiro trabalho de um Espírito em evolução, e isso é, em essência, o que nos une.

Capítulo 11

O futuro do Movimento Espírita – evolução necessária

Desafios da modernidade e a Doutrina Espírita

Ao olharmos para o panorama atual da sociedade, percebemos que as novas gerações enfrentam um mundo em constante transformação. Um cenário em que as questões sociais, tecnológicas e culturais estão em evolução rápida, desafiando as doutrinas tradicionais e, inevitavelmente, a própria Doutrina Espírita. É momento de repensar nossas práticas e a forma como nos conectamos uns com os outros.

A juventude de hoje está mergulhada em um mar de informações, muitas vezes contraditórias, por meio de meios eletrônicos que formatam suas percepções e emoções. A velocidade com que os dados circulam traz uma sensação de urgência que, por um lado, é excitante, mas, por outro, pode se tornar esmagadora. Esse desconforto muitas vezes se traduz em descontentamento e desconexão, não só com a vida, mas também com os ensinamentos de Allan Kardec.

Precisamos encarar essa realidade de forma honesta. Ao observar esse cenário, é evidente que uma abordagem tradicional pode não ressoar mais com os jovens que almejam um diálogo que compreenda suas angústias e as questões que realmente importam. Precisamos construir um espaço seguro e acolhedor dentro da comunidade Espírita, no qual as vozes da nova geração sejam ouvidas e respeitadas, um espaço que fomente a troca de ideias e a busca conjunta por respostas, pois cada uma dessas almas carrega uma bagagem única de experiências que pode enriquecer nossa caminhada.

É essencial permitir que a evolução da Doutrina Espírita se torne um reflexo da realidade moderna. Os antigos métodos de estudo e prática devem se adaptar sem perder sua essência, imbuindo-se de uma flexibilidade que abrace a inovação. Os desafios que enfrentamos hoje não são apenas obstáculos a serem superados, representam oportunidades encobertas por véus de resistência e medo do novo. A aceitação do novo, quando combinada com o respeito pelas tradições, pode levar a uma forma mais rica e integrada de praticar nossa fé.

Sendo assim, faço um convite a todos, o diálogo é a chave. Que possamos ouvir as demandas dos mais jovens e cultivar uma relação que transcenda a mera transmissão de conhecimento! Que a Doutrina Espírita se mostre não apenas como uma fonte de saber, mas também como uma parceria viva entre Espíritos que desejam evoluir juntos, navegando por essas águas turbulentas em busca de um farol que pode ser cada um de nós.

Nesse espírito de abertura e acolhimento, podemos projetar os próximos passos do Movimento Espírita, firmando um futuro que honre o legado de Kardec e, ao mesmo tempo, se adapte às necessidades de um mundo em transformação constante.

A tecnologia, em suas mais variadas formas, se tornou um dos pilares fundamentais para a construção de um diálogo mais inclusivo e abrangente. No contexto do Movimento Espírita, as redes sociais, aplicativos e plataformas digitais oferecem novas oportunidades para disseminar os ensinamentos que tanto prezamos. Porém, que não seja o único meio de construção do conhecimento Espírita. Ao somar a tradição à modernidade, conseguimos criar um espaço em que a doutrina é debatida, estudada e, sobretudo, vivida de forma mais dinâmica, atraindo os mais jovens de volta às casas espíritas, pois, nos últimos tempos, houve um distanciamento significativo do jovem espírita, deixando o Movimento Espírita datado e obsoleto pela falta de novas ideias, da energia salutar e curiosa da juventude. O movimento envelheceu significativamente em algumas casas, que se tornaram um lugar dirigido por idosos que, por suas dificuldades naturais, perderam o vigor pelo debate e a força da mentalidade juvenil que promove mudança e transformação. Tenho visto Casas Espíritas que são verdadeiras igrejas espíritas, com seus dogmas de fé e rituais constantes, onde tudo é feito da mesma forma há anos; entra ano, sai ano, e nada muda, nada se acrescenta; há uma mesmice, que faz com que seus membros e participantes fiquem estagnados na evolução. Precisamos rejuvenescer o Espiritismo, permitir que o jovem, com sua capacidade de manipular, entender e aplicar as tecnologias, traga um cenário mais dinâmico e saudável para esse movimento, que carece de sangue novo.

Quando falamos sobre o impacto das redes sociais no Espiritismo, não se trata de uma questão de alcance, mas de conexão. É alarmante como, em um mundo tão conectado, as pessoas ainda se sentem isoladas e desconectadas de seus semelhantes. A utilização de plataformas digitais para criar uma comunidade interativa e solidária torna-se uma necessidade, mas que não substitua os grupos presenciais, que constroem conexões verdadeiras e necessárias num mundo digital. Por meio de *posts* e vídeos, é possível compartilhar reflexões profundas e vidas transformadas, sempre ressaltando os princípios kardecistas em sua essência, isso não podemos negar, mas é no compartilhamento de ideias nos encontros presenciais que a transformação acontece. Na interação, na troca de experiências e por meio da fala, percebemos onde e como podemos melhorar. É pela aplicação do pensamento crítico, compartilhamento de dúvidas e solução de problemas no coletivo que fazemos reforma íntima. *"O homem é a medida de todas as coisas"*, e na convivência respeitosa e harmoniosa nos grupos de estudos presenciais construímos interações que facilitam o entendimento de si, do outro e do universo das coisas.

Iniciativas que utilizam a tecnologia para promover eventos virtuais, palestras e grupos de estudo on-line têm mostrado uma eficácia surpreendente. A amplitude do alcance não tem mais limites de espaço físico, permitindo que pessoas de diversas localizações e contextos participem ativamente na formação do conhecimento. Não é incomum ver grupos formados por brasileiros em diferentes partes do mundo, reunidos em um mesmo propósito; o aprendizado e a prática do Espiritismo.

Um exemplo notável é a criação de aplicativos que disponibilizam conteúdos, livros e palestras do Espiritismo. Esses recursos não apenas tornam o acesso ao conhecimento mais fácil, como também criam um ambiente propício ao despertar espiritual, atraindo aqueles que, de outra forma, poderiam nunca ter tido contato com a Doutrina Espírita. É fundamental compreender que a tecnologia pode ser uma aliada na jornada espiritual, uma ferramenta que ajuda a levar as ideias espíritas a novos horizontes.

Além disso, essa iniciativa não deve parar na disseminação do conhecimento. Devemos empoderar os jovens a serem protagonistas nessa mudança. Incentivá-los a criar seus próprios conteúdos, a contribuir para essa nova forma de comunicação e a trazer suas realidades e experiências para o contexto espírita é essencial. É por meio dessa troca rica de saberes que o Movimento Espírita pode se revitalizar, tornando-se mais vibrante e atual.

A interação por meio da tecnologia não se limita a um clique, ela deve ser profunda e transformadora. Construir comunidades on-line que favoreçam a empatia, a troca de experiências e de histórias, é uma forma de fazer com que a mensagem espírita chegue mais longe. Iniciar conversas significativas nas redes sociais, fomentar debates construtivos e respeitosos, e, acima de tudo, acolher as diferenças é uma maneira de expandir a Doutrina Espírita para além dos muros das instituições.

Em suma, ao utilizarmos as novas tecnologias e formas de comunicação de maneira consciente, temos a oportunidade de reformular a força do Movimento Espírita, tornando-o não só uma doutrina de estudo, mas também uma prática viva, que consegue ressoar as experiências contemporâneas. O convite está feito. Que possamos nos atualizar, inovar e, acima de tudo, permanecer conectados uns com os outros, porque é na conexão que reside a verdadeira essência da Doutrina Espírita — o amor.

A geração que hoje desabrocha carrega em si uma busca intensa por significados que muitas vezes não se alicerçam nas doutrinas tradicionais. Eles emanam inquietações que refletem um tempo de transformações profundas e urgentes no tecido social. Os jovens estão sedentos por uma espiritualidade que não apenas aborde as questões do passado, mas que também dialoguem com os desafios contemporâneos, como a injustiça social, a desigualdade e as crises ambientais.

Ao se depararem com uma Doutrina Espírita que parece distorcida pela lente do tempo, eles levantam as vozes e questionam; *como os ensinamentos de Kardec se aplicam em um mundo que avança a passos largos? O que a Doutrina tem a oferecer que possa ser um reflexo de suas realidades?* Existe uma frustração crescente quando se veem confrontados com uma prática que não parece ressoar com suas experiências e aspirações. Essa desconexão se transforma em uma busca por relevância que deve ser urgentemente abordada.

É aqui que entra a importância de resgatar conceitos, como amor e caridade, não apenas como palavras-chave de uma doutrina, mas como ações que se entrelaçam com a vida diária. A prática da caridade deve ser adaptada para se transformar em ações concretas, que tocam a vida das pessoas ao nosso redor, que trazem alívio a quem sofre e esperança àqueles que se veem perdidos. Os jovens precisam ver que a Doutrina não é só uma filosofia, mas uma proposta de vida ativa, em que cada um pode ser a mudança que deseja ver no mundo.

É crucial, portanto, que, nesta nova era, os jovens sejam vistos como agentes de mudança. Precisamos dar espaço para que suas vozes sejam ouvidas e suas perspectivas injetem nova vida à Doutrina Espírita. Eles são portadores de uma energia vibrante, dispostos a abraçar novos conhecimentos e a conectarem-se de maneira mais significativa uns com os outros. Essa troca poderá dar lugar a uma revitalização do Movimento Espírita, transformando-o em um espaço em que a prática convive harmoniosamente com o aprendizado.

Exemplos de jovens espíritas que promoveram mudanças impactantes em suas comunidades são inspiradores. Vídeos, webinários e encontros virtuais em fóruns sociais, na busca de engajamento ativo, começam a florescer. Projetos de empoderamento e conscientização social têm o potencial de ressoar não apenas dentro do movimento, mas também em todo o tecido social. Ao se unirem em torno de causas que são importantes para eles, os jovens espíritas podem, com suas vozes, criar um futuro em que a Doutrina Espírita não só sobreviva, mas também prospere.

Assim, convido você a se atentar às expectativas da nova geração. Que possamos garantir que nossa prática não apenas se adapte a eles, mas que seja também um reflexo de suas necessidades! A evolução da Doutrina Espírita não é uma tarefa que deve ser destinada a poucos; é um compromisso coletivo. Cada um de nós pode ser um catalisador nessa mudança, promovendo um diálogo aberto que ilumine o caminho para uma espiritualidade acessível e, ao mesmo tempo, profundamente significativa, sobretudo aos jovens, que são o futuro do Movimento Espírita. Precisamos parar de olhar saudosos para o século XIX e abrir as possibilidades para pensar e agir para o século XXI. Precisamos perceber que o jovem que chega às casas espíritas não está preocupado com o que aconteceu no passado, seu foco é o agora, a percepção do futuro. *Se estamos convivendo com os jovens do século XXI, porque manter o conhecimento doutrinário no século XIX?* As lições de Kardec são, e sempre serão, com certeza, o fundamento do Espiritismo, mas suas aplicações devem ser pensadas como lições que já evoluíram e precisam se encaixar na realidade que se nos apresenta, do século XXI. Se assim não for, corremos o risco de ficarmos parados no tempo e perdermos contribuições valiosas para o Espiritismo do futuro. Tudo é movimento, tudo é energia. O Movimento Espírita não tem esse nome por acaso, o Espiritismo precisa urgentemente que sejam restabelecidos o vigor e a energia perdidos pelo envelhecimento de seus adeptos. Devemos estar atentos ao fato de que o mundo mudou, a Terra mudou, a humanidade já se renovou quantas vezes desde Kardec; só o Espiritismo continua estagnado, sem coragem de pensar o novo, de aceitar o novo.

Nessa continuidade de aprendizado e transformação, a Doutrina Espírita tem a oportunidade de renascer em uma nova luz, podendo não apenas tocar as almas dos mais jovens, mas também fundar um movimento mais vibrante e conectado ao mundo em que vivemos. Com amor e caridade como pilares indestrutíveis, mostremos que as lições do passado podem se reinventar, se adaptando às demandas do presente e escrevendo junto um futuro mais justo e produtivo para todos.

Construir um futuro sustentável para o Movimento Espírita implica um compromisso coletivo com a evolução da Doutrina, adaptando-se às novas realidades sem perder a essência dos ensinamentos de Allan Kardec. Para isso, é crucial que todos os envolvidos, tanto os que já estão na Doutrina quanto os novos adeptos, trabalhem juntos com um objetivo claro; cocriar um espaço onde o aprendizado, a empatia e a prática da modernidade sejam vividas no dia a dia.

O primeiro passo é garantir que as portas estejam abertas para novas interpretações e práticas que amplifiquem nossa compreensão da espiritualidade. Esse movimento deve ser flexível, absorver novas ideias enquanto se mantém fiel ao amor e à caridade, os pilares fundamentais do Espiritismo. Em um tempo em que a transformação social é um clamor urgente, o Espiritismo pode, e deve, ser um agente de mudança efetiva.

Engajar-se nessa jornada não é tarefa apenas dos líderes ou intelectuais da doutrina. Cada um de nós, independentemente de nosso tempo de prática, possui um papel de protagonista. A participação ativa nas atividades do centro espírita, como grupos de estudo, práticas mediúnicas e ações voltadas à caridade, é grande alavanca para a progressão do movimento. O envolvimento direto gera frutos e experiências que enriquecem nossa espiritualidade e a de nosso próximo.

Além disso, a construção de um futuro sustentável está intrinsecamente ligada à nossa capacidade de inspirar e educar as futuras gerações sobre os princípios da Doutrina Espírita. Engajar os jovens em práticas e compromissos que se integrem com suas realidades é uma missão que não deve ser ignorada. Eles já estão em busca de respostas e significados para suas vidas em um mundo em constante transformação. Cabe a nós alongar a mão e guiá-los para compreender que o Espiritismo está aqui para oferecer uma luz em meio à tempestade.

O chamado à ação é para que todos possam refletir sobre como podem contribuir para a adaptação e o crescimento do Espiritismo em suas próprias comunidades. Cada gesto, cada esforço para disseminar as ideias e de engajar os jovens a elas, conta. Quando falo em amor, quero dizer amor em sua forma mais ampla, o amor que abraça a diversidade, que respeita as diferenças e promove a inclusão. Isso pode acontecer por meio de conversas sinceras, atividades de apoio aos jovens e por meio do compromisso do jovem com o Movimento Espírita, que transforma vidas. Dessa forma, contribuiremos para um futuro mais feliz e justo, tão almejado por todos. Essa mudança precisa começar na nossa base, que são nossos jovens, o futuro da Humanidade.

Encerro este capítulo com uma profunda esperança renovada para a Doutrina Espírita. Que possamos nos unir nessa empreitada, na qual o respeito, o compromisso, a solidariedade e a evolução contínua são as marcas indeléveis que deixaremos no mundo! O futuro está em nossas mãos, esteja aberto às mudanças, acolha os novos adeptos, celebre cada conquista. Que a luz da Doutrina continue a brilhar e iluminar o caminho de todos aqueles que buscam a verdade e a evolução espiritual!

Capítulo 12

Integrando conceitos e redefinindo caminhos

Revisão dos principais conceitos

Chegamos ao final desta jornada, e é essencial revisitarmos os pilares que sustentam a Doutrina Espírita. O vasto universo do Polissistema Espiritual, a beleza da reencarnação, a profundidade da mediunidade e os inabaláveis laços do amor e da caridade foram os fios que entrelaçaram nossas reflexões. A partir das críticas salutares feitas, não apenas à Doutrina Espírita, mas também a nós mesmos como praticantes e aprendizes, construímos uma compreensão rica e multifacetada, que nos convida a transcender as limitações do dogma.

Cada conceito abordado revelava seu valor intrínseco e a interconexão entre eles. Enquanto olhávamos para a mediunidade como um canal de comunicação, percebíamos a reencarnação, não como um ciclo sem fim, mas como uma oportunidade única de aprendizado e crescimento. O amor e a caridade, alicerces da doutrina, apareciam como forças transformadoras que nos conectam aos outros e a nós mesmos, oferecendo uma nova lente através da qual podemos olhar nossas vidas e as vidas que estão por vir.

Essencialmente, essa revisão não é apenas uma recapitulação, mas um convite à reflexão. Que possamos andar por este caminho e aplicar cada ensinamento em nossa prática diária, integrando a sabedoria adquirida nesta obra. A espiritualidade que cultivamos não é um fim em si mesmo; é um meio de criar laços, fomentar a empatia e a compaixão, respeitando a trajetória de cada Espírito. Ao fazermos isso, honramos o legado de Kardec, bem como a vasta e rica tapeçaria da experiência humana.

O papel da Doutrina Espírita no mundo contemporâneo

Discorremos sobre a relevância da Doutrina Espírita nos dias de hoje, um farol que se ergue em meio às tempestades da modernidade. Mediante a adaptação e o diálogo, a Doutrina Espírita mostra sua impermeabilidade aos desafios contemporâneos. Em tempos de crise, nossa prática é uma alimentação espiritual, oferecendo paz e consolo; os princípios de responsabilidade social e autoconhecimento são mais relevantes do que nunca, convidando-nos a agir. A Doutrina Espírita não deve ser vista como um conjunto de regras, mas uma proposta de vida que se reveste de autenticidade à medida que abraçamos as experiências cotidianas. Nos ensinamentos da caridade e do amor, encontramos a essência do que significa ser eterno em um mundo passageiro.

Chamado à ação e compromisso coletivo

Um convite sincero à ação. Que cada um de nós se torne protagonista em sua própria história espiritual! *O que significa isso?* É a participação ativa nas comunidades, dentro e fora dos centros espíritas, onde o diálogo entre gerações possa florescer. Que a troca de experiências e aprendizados seja uma constante, pois a única maneira de alcançar um futuro sustentável para o Movimento Espírita é o compromisso com coletivo e com as gerações futuras.

Que as vozes dos jovens ecoem com a força que têm. Está na hora de termos coragem para acolher suas inquietações e permitir que sua energia criativa e inovadora floresça, transformando a Doutrina Espírita em um lugar de acolhimento, aprendizado e, acima de tudo, ação. Estamos juntos nesse movimento; não só como indivíduos, mas como um corpo, animados pela mesma essência que busca a evolução ao redor do amor e da caridade.

Esperança e renovação para o futuro

Para encerrar, deixo ao leitor uma mensagem de esperança. A luz da Doutrina Espírita continuará a brilhar, mesmo em tempos incertos. Que a força do amor nos una e nos inspire! O futuro do Movimento Espírita não reside apenas em suas bases estruturais, mas em cada um de nós, que aqui coexistimos conectados por um mesmo propósito, o de evoluir e expandir na jornada espiritual.

Amar é o primeiro passo. Caridade é a ação de cada dia. Juntos, podemos garantir que a Doutrina Espírita não seja só uma herança do passado, mas uma verdadeira força de transformação na vida de todos que buscam o futuro. O caminho está diante de nós, e os corações já estão preparados. Que a esperança e a transformação sejam a marca desse capítulo que se inicia, moldado pelo zelo por nossas experiências compartilhadas e pela Unidade que todos sempre buscamos!

Ao refletirmos sobre o papel da Doutrina Espírita no mundo contemporâneo, torna-se evidente que sua relevância transcende os limites de um dogma, marcando-se como uma verdadeira proposta de vida capaz de responder aos dilemas mais urgentes da atualidade. A flexibilidade da Doutrina dos Espíritos se manifesta não apenas na capacidade de adaptação às novas linguagens e formas de comunicação, mas também na possibilidade de oferecer soluções que abarcam princípios éticos em um mundo marcado pela incerteza e pela complexidade das relações humanas.

Ao se valer da razão e da emoção, a Doutrina convida os indivíduos a um mergulho profundo dentro de si mesmos, levando-os a uma jornada de autodescoberta, que fomenta o autoconhecimento. Essa introspecção, por sua vez, propicia a compreensão das verdadeiras motivações por trás de cada ação e permite que as pessoas vivam com mais propósito e consciência. Nesse sentido, a mediunidade não é somente um canal para comunicação com o além, mas também uma ferramenta para a transformação interior, iluminando os caminhos da evolução.

A convivência em equilíbrio e harmonia é outro aspecto essencial que a Doutrina propõe. Em um cenário em que as divisões parecem aumentar e a intolerância predominar, os princípios espirituais, ancorados no amor e na caridade, promovem relacionamentos mais humanos e inclusivos. Essa nova abordagem exige que cada um de nós se torne um agente de mudança, levando a mensagem da Doutrina dos Espíritos para os centros espíritas e para a sociedade como um todo.

A prática consciente da caridade se torna uma ação transformadora, que não se limita ao auxílio material, mas se estende à promoção de justiça social, estimulando a ação de todos nós em prol daqueles que mais necessitam. Tais práticas promovem a evolução espiritual da individualidade e criam uma rede de suporte que resgata a essência comunitária, frequentemente esquecida em tempos modernos.

A responsabilidade social, integrada aos princípios espíritas, assume um papel dignificante. O Movimento Espírita, hoje mais do que nunca, deve ser um porta-voz dos que clamam por igualdade, justiça e paz. Essa jornada coletiva nos leva a reescrever a narrativa sobre o que significa ser um Espírita ativo, atraindo assim um público mais jovem e engajado.

Em um chamado à ação genuína, convido a todos a se tornarem faróis, disseminadores da luz e do amor que emana da Doutrina dos Espíritos. Promover o diálogo entre gerações, acolher as novas ideias e fomentar um ambiente de aprendizado mútuo são passos cruciais para o fortalecimento do Movimento Espírita. É nesse contexto que se insere a necessidade de integrarmos a tecnologia como aliada, levando o Espiritismo a novos horizontes, em que cada um, independentemente da localização, pode ser parte dessa construção coletiva.

Encerro esta seção com um apelo: que possamos integrar os conceitos discutidos e redefinir nossos caminhos, assegurando uma prática espírita que se mantenha viva e ressoe profundamente com a humanidade, conectando cada coração à vibração única do amor e da solidariedade! Que a esperança e a renovação sejam os guias de nosso esforço coletivo, refletindo na vida de cada dia a essência dos ensinamentos de Kardec e o verdadeiro significado da Doutrina Espírita.

O chamado à ação para todos nós que temos o privilégio de aprender e vivenciar os princípios da Doutrina Espírita não pode ser subestimado. Vivemos um momento de transformação no mundo, e o Movimento Espírita precisa estar à altura desse chamado. Cada um de nós é responsável pelo próprio progresso espiritual e pela revitalização da Doutrina dos Espíritos em nossas comunidades.

O que significa ser um protagonista nessa jornada? Significa mais do que apenas aceitar os ensinamentos passivamente. É hora de termos coragem para nos envolvermos ativamente, mediante a participação em grupos de estudo, organização de campanhas de caridade ou mesmo nas pequenas interações do cotidiano. Cada gesto, por menor que pareça, ecoa no coração de alguém e pode inspirar mudanças radicais. Precisamos lembrar que, como bem pontuou Kardec, a verdadeira caridade não se resume ao auxílio material; ela deve englobar o amor em todas suas formas; o auxilio e incentivo à mudança de mentalidade, dentro do Espiritismo, é uma das mais importantes formas de caridade porque engloba toda a humanidade.

Faz-se necessário, pois, ouvir as demandas da nova geração. Esse grupo, nossas crianças e jovens, expressa a vontade de que a Doutrina não seja uma relíquia do passado a ser admirada empoeirada nas estantes, mas viva, pulsante e capaz de abraçar suas inquietações. Devemos proporcionar a eles um ambiente de diálogo, em que possam compartilhar suas experiências e insatisfações, sem o medo de serem desmerecidos. Um espaço seguro no qual sintam que suas vozes importam e podem realmente fazer a diferença.

Aliado a isso, temos as novas tecnologias, que se apresentam como ferramentas poderosas nas mãos daqueles que desejam propagar a mensagem espírita. Ao utilizarmos redes sociais e plataformas digitais, podemos criar pontes em vez de muros, alcançando almas que, de outra forma, permaneceriam distantes.

A inovação deve caminhar lado a lado com a tradição; a essência do que nos une é a compaixão que, quando bem cultivada, florescerá em ações concretas.

Isso nos leva a um compromisso coletivo: *que a Doutrina Espírita se revele não como mera teoria, mas uma prática diária e ativa!* Temos que estar dispostos a conectar teorias a ações. Priorizar a prática de seus preceitos, em suas formas mais diversas, pode unir ainda mais nossa comunidade, criando um legado de amor que transborda. Eu quero, do fundo do coração, deixar a mensagem para as gerações futuras de que o Espiritismo é algo que se vive e se sente, além de simplesmente se estudar, que o conhecimento que ele promova seja a mola mestra da mudança de mentalidade no planeta Terra. Nós temos o compromisso de dar o primeiro passo em direção à modernização do Movimento Espírita.

Ao refletirmos sobre nosso papel, façamos um pacto interno, de sermos verdadeiros defensores do Moderno Espiritismo, atuantes em nossas comunidades e prontos para estender a mão. Não é sobre ter as respostas certas; é sobre estar disponível para a jornada, que pode ser longa, mas é, sem dúvida, recompensadora. Cada passo dado em direção aos novos entendimentos é um passo em direção à evolução coletiva e, por consequência, à tão esperada Regeneração do Planeta Terra, que terá sua culminância mediante nossa transformação Espiritual.

Por fim, lembremos sempre que nossa prática do Espiritismo deve ser carregada de esperança. A esperança que alimentamos hoje se manifestará no futuro que construiremos juntos. Novas ideias, novas vozes e novas práticas não só são bem-vindas, mas são essenciais para que as lições de Kardec iluminem intensamente o caminho para todos que ainda buscam a verdade. A renovação de ideias e práticas da Doutrina dos Espíritos deve permear o futuro do Movimento Espírita. Ao olharmos adiante, perceberemos que há um vasto horizonte de possibilidades e que os pilares da Doutrina Espírita sustentam os indivíduos que buscam um significado em um mundo muitas vezes marcado por incertezas e dores. Assim, é vital que nós, seguidores e praticantes, carreguemos essa tocha da espiritualidade de maneira ativa e vibrante.

A diferença que tanto buscamos no mundo começa em nós mesmos, numa nova era de conscientização, amor e transformação.

Nesse contexto, a união entre passado e futuro é uma força poderosa. Cada um é responsável por cultivar e disseminar a mensagem de amor e respeito, levando esses valores às interações diárias e às mais diversas comunidades. Não se trata apenas de falar de espiritualidade, mas de vivê-la com autenticidade. É na simplicidade de ações cotidianas, no sorriso sincero, no gesto de solidariedade, que demonstramos a essência da Doutrina dos Espíritos. Injetar vida nas práticas espíritas é um apelo àqueles que desejam ver o Espiritismo, não como uma religião, mas como uma possibilidade de libertação e estilo de vida.

Assim, ao fecharmos este capítulo de reflexão, que possamos sempre caminhar com esperança e união, pois a Doutrina Espírita nos proporciona ferramentas para compreender a vida, o universo e Deus, bem como legados de amor que precisam ser constantemente alimentados. Que nossos corações estejam sempre abertos às transformações que se impõem prontos para acolher as mudanças e, principalmente, dispostos a agir com a caridade, que nos torna humanos, e com a espiritualidade, que nos faz eternos!

Esse é o caminho que devemos trilhar um compromisso renovado em nossa evolução mútua, um chamado à ação que ecoa por meio da luz que nos guia e das atitudes que escolhemos. Juntos, escreveremos essa nova história da Doutrina Espírita, cheia de vivências significativas, amor e construção coletiva. Que o futuro não seja apenas uma promessa, mas uma realidade bela e inspiradora para todos nós!

Que possamos, juntos, moldar o futuro do Movimento Espírita, com amor e respeito, sustentados por princípios que transcendem suas fronteiras, promovendo ações que realmente façam a diferença na vida da humanidade! O chamado é urgente; a hora é agora. Que o amor esteja sempre nos nossos corações e nas nossas ações!

Querido(a) leitor(a),

Chegamos ao fim da jornada de reflexões que compõem este livro. Ao longo de cada capítulo, busquei compartilhar não apenas conhecimento, mas também experiências e insights que, espero, tenham ressoado com a essência de cada um de vocês. A Doutrina dos Espíritos, com toda sua profundidade e riqueza, se revela como um farol que ilumina nossos caminhos, especialmente em tempos de incerteza.

É fundamental lembrar que cada um de nós possui uma história única, um Polissistema pessoal repleto de desafios, conquistas e aprendizados. Espero que as reflexões aqui apresentadas sirvam de convite para que você também analise sua jornada. Cada passo dado em busca de autoconhecimento é uma poderosa contribuição para o crescimento pessoal e coletivo.

Nunca se esqueça da importância da empatia e da caridade em todas as interações. A transformação do mundo começa dentro de nós e se expande para o próximo. Convido você a se tornar agente de mudança, promovendo o respeito e o amor que a Doutrina Espírita nos ensina.

Aproveito o ensejo para agradecer a você que se dispôs a ler este meu primeiro livro e faço um convite a ler também o próximo, no qual aprofundo os conceitos básicos do Espiritismo. Vamos caminhar pela tentativa de entender Deus, vou levá-lo(a) até meu "umbral", e vamos dar uma passeada pelas "colônias espirituais". Faço um paralelo de como seria a visão do Espiritismo do século XXI se a renovação do pensamento espírita tivesse acompanhado a evolução da humanidade e vários outros assuntos polêmicos. Você não perde por esperar.

Agradeço profundamente a cada um que se dispôs a abrir seu coração e sua mente para essas reflexões. Sigamos juntos, conectados pela esperança e pela vontade de evoluir, iluminando nossos caminhos e o das pessoas ao nosso redor

Com carinho e gratidão,

Dora Schramme